Como num romance

Charlotte Dafol

Porto Alegre, 2020

Libretos

© Charlotte Dafol, 2020
Direitos de publicação Libretos®
Permitida reprodução somente se citada a fonte.

Textos e desenhos
Charlotte Dafol

Edição
Clô Barcellos

Revisão
Rosina Duarte
Sílvio Ferreira

Dados Internacionais de Catalogação na Publicação:
Bibliotecária Daiane Schramm – CRB-10/1881

D124c	Dafol, Charlotte
	Como num romance. / Charlotte Dafol. – Porto Alegre: Libretos, 2020.
	124p.
	ISBN 978-65-86264-18-0
	1. Literatura - romance. 2. Crônicas. 3. Poemas. 4. Ativismo. 5. Política. I. Título.
	CDD 869

Rua Peri Machado 222, B, 707
Porto Alegre-RS
90130130
www.libretos.com.br
libretos@libretos.com.br
📘 Libretos Editora
📷 libretoseditora

Como num romance

Charlotte Dafol

Porto Alegre, 2020

Lib**r**etos

Não vim a passeio

A minha primeira ida para o Rio de Janeiro foi no inverno de 2016. Eu morava então em Porto Alegre mas, revoltadíssima pelo golpe acontecendo, saí de carona e fui lá participar da ocupação do Ministério da Cultura. Uma experiência indescritível. Foram mais de três meses de efervescência cultural e política, no Palácio Capanema e no Canecão, com um bando de artistas e militantes vindo de todo o Brasil. O final da história não foi dos mais felizes, mas eu voltei encantada.

Nove meses depois, eu desembarcava no aeroporto Santos Dumont, carregando uma mochila e um violão e contando com vagas promessas de hospedagem e trabalho na cidade. No entanto, passadas as festas juninas, a realidade foi outra. De trabalho, não consegui quase nada e, mesmo tocando na rua para cobrir custos do dia a dia, as poucas economias que eu tinha se esvaíram ligeirinho nos prazeres da vida.

A virada de 2018 se deu no Rio com o carnaval censurado e uma intervenção militar no estado. Foi então que eu resolvi encarar a cidade.

Porque eu nunca fui muito de praia e não tinha vindo a passeio. A minha proposta era outra.

Comecei a entrar em periferias e favelas, participando de movimentos sociais ou de eventos culturais autônomos que eu mapeava pelas redes sociais. Como fotógrafa e cineasta, eu acabei me aproximando também de algumas mídias comunitárias e ativistas. Assim, aos poucos, a minha vida pessoal, o meu olhar, as minhas relações, se transformaram – acompanhando também os acontecimentos de um ano histórico que consagrou as chefias da milícia e da igreja evangélica no topo do estado.

Tive um namoro que acabou casualmente na véspera do assassinato da Marielle. Na mesma semana em que o Lula foi preso, fui morar numa ocupação. Em agosto, quando deram início à farsa eleitoral, me mudei pra cima de um morro. No final de outubro, dei uma escapada na França, onde fui madrinha de casamento de dois amigos homossexuais. Por coincidência, a cerimônia aconteceu exato dia em que, no Brasil, o Bolsonaro foi eleito Presidente da República.

De volta no Rio, o ano acabando, não esperei para ver se ainda podia piorar. Arrumei as malas e decidi passar o verão longe da praia.

No dia 1º de janeiro de 2019, eu acordava em Porto Alegre.

Oração ao pai	11	Entreato	65
Conversa de botequim	13	Zerade	67
Pequenos cuidados	17	O coração falando	73
Poema sem nome	21	Fissura	77
Uma tarde em Copacabana	22	Cacique de Ramos	78
Quantas músicas	24	Facada	79
Noite carioca	26	O Preto Rico	80
Olhar pro mar	31	Outro lugar	82
Los crampones	32	Elke	83
Batuque de boteco	35	Smooth Criminal	87
Pré-conceitos	36	Wilsel Witzon	90
Chorei	37	O tal de Terceiro	93
Atrás da porta	43	Escada escura	94
Lao Tse	46	O que não é fantasma…	97
Eu e Ela	47	Bom dia	98
Ferrô	49	Lá na Venezuela…	99
Os nossos medos	50	Esse cabelo	103
Uma vida	52	Autopreconceitos	106
A batida	53	Marighella era vegano	107
Menino Bandido	56	Cadê a poesia?	113
A esquerda Coca-cola	61	Feito Papai Noel	119
Domingo no parque	62		

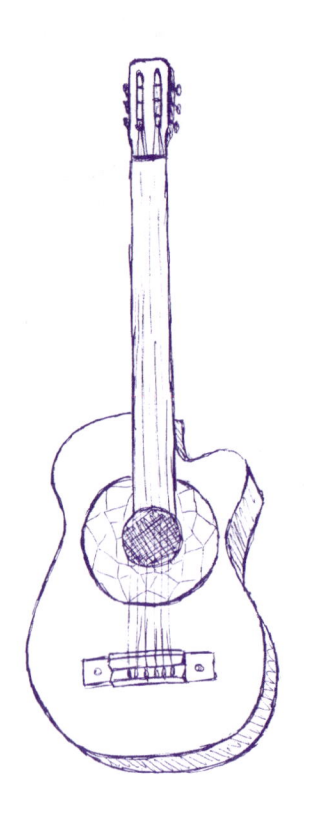

como num romance

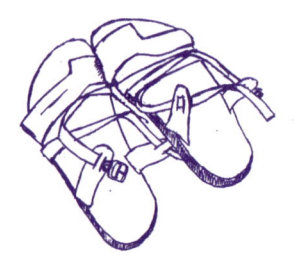

Oração ao pai

Quando eu estiver existindo por dentro
Relembrando o que eu fiz, esquecendo
                             o que estou fazendo
Me iludindo com a própria história
Resgatando as vitórias e enterrando
                                    as derrotas
Exigindo respeito, exibindo medalhas

Quando eu desistir de superar o que foi feito
Quando eu achar que as conquistas
                             não se defendem
Ou quando eu estiver apenas defendendo-as

Quando eu pendurar na minha porta trancada
A lista dos lugares onde eu andei

Quando eu tiver a tua idade
Sabendo de tudo
Com raiva do passado e medo do futuro
Quando eu deixar de questionar,
                                 criticar, aprender
Escutar
Quando eu quiser te ensinar

Quando meus sonhos não forem nada mais
                    do que sonhos
E quando eu não souber falar nada mais
                    do que palavras inócuas

Aí, sim, Pai, me dá um tapa na cara!
Rasga minhas fotografias
Apaga minha memória
Queima meus cadernos
Me joga na estrada
Faz eu viver de novo!

Conversa de botequim

Eu tinha saído para dar uma pedalada quando a chuva me pegou e mudou os meus planos. Fui me abrigar num desses botecos que são sempre iguais a eles mesmos. Samba e futebol, ambiente apertado, pessoas conversando de uma mesa para a outra, e um garrafão de cachaça mineira no balcão. Eu poderia ficar horas num lugar como esse, observando os jeitos, decifrando as almas... Mas eu já estava chamando as atenções...

– Gringa?
– Gaúcha.
– Gremista?
– Colorada.
– Cerveja?
– Cachaça.

O cara gostou de mim. Louco para falar. Um senhorzim sem idade que veio lá da Bahia, na época em que jogava bola. Depois começou a trabalhar em filmes, na parte da produção. Nunca foi ator. Mas ganhava dinheiro, sim.

A nossa conversa foi cortada pela chegada de um rapaz belíssimo que usava um vestido azul justo e comprido, e entrou passando no meio da gente. Ele foi até ao balcão, pediu alguma coisa e ficou lá, esperando, ignorando com estilo os olhares e comentários do pessoal. Meu vizinho ficou meio sem jeito, envergonhado comigo, e falou como se precisasse pedir desculpa pela cena.

– Meio louca, heim?

Fiz de conta que eu não tinha ouvido. O rapaz também. Ele pegou o seu trago num copo descartável e saiu sem despedir.

Fui sentar junto com outros senhores, assistindo e zombando de mais uma derrota do Fluminense para a Chapecoense.

– Eu queria conversar com você...

Uma mulher baixinha de uns 40 anos veio sussurrar no meu ouvido.

– Eu?!
– Mas você vai ficar chateada...
– ... Vou não...!
– Sei lá... Será que não vai, mesmo?
– Claro que não! Vamos!

Levantei pra gente se afastar um pouco da mesa.

– Assim. É meu filho. Ele tem 13 anos. Mas já é diferente... Ele quer implantar peitos.
– ...
– Achei que você entenderia...
– ...
– É que eu tô preocupada... É meu filho! Não queria que acontecesse algo com ele. É que nem você. Você já conquistou todos os homens aqui. Estão todos te olhando... Mas você tem que se cuidar, heim?!
– Mas eu me cuido! O que é que cê acha?!
– Estou preocupada com ele.

– É que seu filho é muito novo! Você tem que conversar com ele. Quando tiver 18 anos...
– 18 nada! Ele vai ter que arrumar um trabalho e uma casa primeiro!
– Mmm... Mas peraí! Por que é que você veio falar isso comigo?
– É que eu estava te olhando. E te achei muito bonita... ou bonito, sei lá. Alguma coisa. Você parece a Ivana da novela. Sabe a Ivana?
– Sei. [Mentira.]
– Então... achei que você poderia entender.
– Ah, tá.

O papo seguiu. Ela contando a sua vida, eu incapaz de assimilar tanta informação. Ela me convidou para aparecer no aniversário dela, na terça-feira. Vai fazer uma comida em casa. Só não é para chegar muito cedo, nem muito tarde.

– Mas agora, vamos voltar pra lá, porque eles estão todos com raiva de mim. Roubei você...
– Ué! A gente conversa com quem quiser!

Ela baixou o olhar.

– Sabe o quê? Acho que vou aceitar meu filho como ele é...
– ... Queafudê...

Ela sumiu para dentro do boteco. Eu fiquei na porta, os caras olhando para mim com sorriso curioso. Aquele copo de cachaça se tornou de repente meio sem graça. Nem consegui mais tomar. A minha cabeça já estava em outro lugar. E a chuva agora tímida... Resolvi ir embora.

– E MEU BEEEIIIJOOO???

Louca fui eu de achar que podia sair assim de fininho, sem me despedir da Ana.

— Te espero na terça!
— Combinado!
— Vou falar pro meu filho que você vem... Meu filho... minha filha... enfim...

Ela ficou um tempo pensativa, como analisando suas próprias palavras.

Lhe dei mais um abraço apertado e saí pedalando.

Pequenos cuidados

"Eu queria que você se cuidasse mais..."
Me lembro muito bem da única vez em que um amigo me falou isso, ainda com toda a cautela de quem suspeita a minha propensão meio adolescente a estourar com esse tipo de intromissão na minha vida.

Agora, não lembro de quantas vezes eu quis falar a mesma coisa para uma pessoa que eu amava. Não foram tantas. Mas de qualquer maneira, não falei. Provavelmente por orgulho pessoal de respeitar a liberdade dos meus amigos; ou por não encontrar uma necessária delicadeza no tom e nas palavras.

Ou, talvez, por medo de reproduzir a hipocrisia de uma sociedade que fica alertando a gente o tempo todo enquanto anda conscientemente a caminho de um suicídio coletivo. Tipo, o irmão que te manda fechar os olhos para te guiar em direção ao abismo, e te xinga se for cair nos buracos da estrada.

Ou tipo a mãe que põe uma panela de brigadeiro na tua frente, uma colher na tua mão e sai avisando com pouca veemência que não é para comer porque faz mal.

E você fica aí, roído pelo súbito desejo de um docinho, mas sem conseguir avaliar nem a seriedade do risco, nem o tamanho de tais consequências.

Pois aqui estamos todxs: à mercê de uma civilização decaída, que inventou o pornô com camisinha, o banho de sol com protetor e a Coca Zero vendida em farmácia.

"Cada geração com os seus problemas", resumiu um dia um velho amigo meu que hoje faz carreira na indústria petroleira.

...

Já era. Você agarrou a panela quase sem perceber e começou a comer no automático, enquanto estava fazendo as contas.

São 24 horas por dia. Oito horas no trabalho, duas no transporte, duas para se alimentar e sete para dormir. Resta encaixar a novela, a igreja, o jogo, a maconha, os filhos e o namoro. Realmente, e mesmo contando com o fim de semana (salve!), sobra bem pouco tempo para viver – e ainda com cuidado.

Você segue se deleitando como nunca com aquele concentrado de açúcar e lactose, sem deixar de lembrar das sagradas recomendações da sua mãe.

Cuidado para não se sujar, cuidado para não cair, cuidado para não se machucar, cuidado para não se resfriar. Cuidado para não esquecer de nada, para não se atrasar, para não se perder!

Não sai pra rua sozinho – nem mal acompanhado! Nem sai de casa à noite. De dia, só armado.

Cuidado com o assaltante, cuidado com o motorista, cuidado com o cachorro brabo, com o bichinho da goiaba, com o calor, com o frio, com a chuva, com o vento...

MAS ESTOU ME CUIDANDO, MÃE! Eu me cuido, me cuido, sim, todo dia! A prova é que estou viva! Pedalando com toda força – cadê o capacete, p...?! – no meio dos carros. Até pararia no sinal, se eu não estivesse na contramão.

    É quase meia-noite.
    Eu já não sei mais o que eu queria dizer com esse texto.
    O amigo petroleiro tomando drinque em Dubai e você cuidadosíssimo ao raspar o fundo da panela com a ponta da colher.
    E todxs nós na virada, evitando botar na balança o prazer de hoje e a ressaca do amanhã.
    Indo dormir às 23h59, com a consciência aliviada.
    "Amanhã vai ser outro dia", dizia um certo profeta.

Poema sem nome

Você
Olhando para sua vida
Escuta a chuva
Sente o asfalto
Abraça o fato
De não ser ninguém
E quando o mundo girar
Não passa te queixando
Pula no vazio
Que é para te salvar
Dança, descansa, balança
Nesse tal desavanço
Usa com vaidade
O que te sobrar de corpo

Uma tarde em Copacabana

Um domingo lindo de calor ameno. Já peguei esse vício de pedalar toda Copacabana atrás de algum resquício de vento. Na verdade, eu era mais de ir à noite... mas teve um dia em que caí e me quebrei toda, sem um tostão no bolso, tendo que voltar a pé de madrugada, mancando e empurrando a bicicleta. Longa história.

Mas então: naquele dia, eu fui bem no início da tarde. Chegando na avenida Atlântica, antes mesmo de começar a receber o carinho do ar salgado no rosto, eu me deparei com um caminhão parado na beira da praia, todo equipado de caixas de som e com algumas pessoas em cima. Parecia até um bloco de carnaval, mas a alegria era suspeita.

Ele estava cheio de bandeiras e faixas à glória das "FFAA" e pedindo uma "intervenção militar" – ou mais exótico, uma "military intervention" em língua original. Os mestres-salas usavam fantasias de mau gosto, como trajes de camuflagem ou de caubói, e as músicas, em vez de marchinhas, entoavam hinos defasados.

Agora, tenho que confessar que a empolgação dos participantes compensava de longe o fracasso

estético da parada. E mesmo sendo muito poucos –
umas setenta pessoas no máximo...

Autômatas de um inverno sem fim.

Suficientes para quebrar uma onda.

Quantas músicas

Quantas músicas vamos escutar
Quantas horas vamos lamentar
Quantas luzes vamos apagar
Quantos versos vamos declamar

Quantas músicas a lua mandou
Quantas horas o tempo marcou
Quantas luzes a noite apagou
Quantos versos o vento levou

Quantas lágrimas e que já secaram
Quantas bocas e que já gritaram
Quantas lutas e que já venceram
Quantos gritos e que ressoaram

Quantas épocas pra gente lembrar
Quantas léguas pra gente andar
Quantas velas pra gente apagar
Quantos gases pra gente inalar

Quantas músicas pra gente cantar
Quantas horas pra gente contar
Quantas luzes pra gente encantar
Quantos versos pra gente acordar

Quantas dúvidas no fundo do peito
Quantas almas pertinho do peito
Quantas balas perdidas no peito
Quantos golpes abaixo do peito

Quantas músicas na sua platina
Quantas horas na sua rotina
Quantas luzes na sua retina
Quantos versos na sua estima

Quantas músicas por um carinho
Quantas horas você sozinho
Quantas luzes num só caminho
Quantos versos por um espinho

Quantas músicas...

Quantas músicas

Quantas músicas

Noite carioca

Saí de casa no impulso, enfiando rapidamente as coisas no bolso: chave, celular, caderno, dinheiro...
Parei.
Dei uma olhada geral no quarto. Aquela impressão de estar esquecendo algo...
Apanhei o violão e meti o pé.

Já era noite, mas não sei que horas. Nem sabia para onde eu estava indo. Era domingo.
BAM!
Uma moto. Atropelada bem na minha frente. Dois meninos jogados no chão que nem bonecos. Vivos. Nada muito grave. Um pode ter quebrado a perna, o outro deslocou o ombro. O Samu chegou.
Atravessei a rua e fui parar no primeiro boteco.
– Moço! Me dá u...
O garçom já estava vindo na minha direção com sorriso cúmplice e martelinho de cachaça na mão.
Sentei.
E fiquei ali me questionando sobre a necessidade de me questionar sobre a minha vida no Rio...
– É que a vida é dura!
Quando levantei a cabeça, tinha um rapaz do meu lado.

– É assim mermo! A vida é dura! O cara que não sabe!

– Cê quer uma cachaça?

– Precisa, não. Tenho a minha.

Ele levantou a camiseta para me mostrar a garrafinha de caninha da roça que ele levava amarrada na cintura.

– E aí? O que houve? – perguntei.

– Furei!

– ...?

– Eu passei o dia inteiro catando latinhas, sabe o que é isso? É trabalho! E aí, eu tava indo pra lá pra vender e o cara veio me roubar. Eu furei ele!

– Como assim?

Ele olhou pros lados e puxou o cantinho da luva que ele usava na mão direita, deixando aparecer duas facas afiadas.

– Eu ando preparado...

– ...

Botou um cigarro na boca e agarrou o isqueiro que esperava pendurado no balcão com uma correntinha.

– E cadê as latinhas?

– Vendi. Assim eu comprei a cachaça! E ainda sobrou!

Ele abriu a outra mão para me mostrar um papel embolado que parecia uma nota de 10 reais.

– E cadê o cara?

– Sei lá!

– Mas ele tá bem?

– Ué! Levantou, foi embora!

– ...

– Ele acha o quê? Que pode mandar em mim?

Só porque tem duas vezes meu tamanho? Ele não sabe, não, meu! A vida é dura! Eu te digo! Eu furei! Tive que furar!

Acendeu o cigarro e saiu se despedindo:

– Desculpa qualquer coisa!

Fiquei sem reação, vendo aquela silhueta do homem se fundindo ao escuro da noite. Alguém veio sussurrar no meu ouvido.

– Rio de Janeiro, menina. Te cuida.

Um senhor. Respondi com olhar indiferente. E puxei o violão, que é o que eu faço quando não sei o que dizer.

Comecei a dedilhar. Uma turma barulhenta e bêbada passou na frente do boteco. Titubeando. Alguns entraram.

– Olhaí que tem até um cara tocando!

Ficaram me observando um tempo.

– É me-ni-na – corrigiu finalmente uma mulher que parecia estar num outro tempo-espaço.

– Heim?

– Cê falou "um cara". Mas é menina.

– É.

O rapaz que estava com ela pegou então a minha cachaça num gesto totalmente natural e tomou ela num trago só.

– UÉ!!! – Gritei.

E parei de tocar. Ele levou um susto!

– Era sua? Foi mal...

– Agora pede outra!

– Será?

– Simsinhô!

Ele pediu. Pediu até duas. E mais uma carteira de cigarro. Mas o resto do grupo já estava querendo dar outras bandas e começou a chamar:

– E aí? Tão fazendo o quê?
– Comprando cigarro!
– Tão demorando!
– Por causa dela!
– O que é que ela tem a ver?
– Tá tocando!
– E aí?
O homem virou para mim, indignado:
– Não é que cê canta?
– ...
– Então manda um samba aí pra eles ver!
Silêncio.
A metade da calçada olhando na minha direção, como esperando algo acontecer.

Tudo bem. Baixei a cabeça e comecei a tocar.

Eu nem estava no terceiro acorde, quando a turma toda se animou e se pôs a cantar junto.

E assim fomos até a madrugada, na maior alegria, passando a viola, desafinando Chicos e Caetanos.

Quando o último cara espalhou todas as suas moedas no balcão, perguntando se podia pagar com R$2,35 uma última dose daquela mineira do barril, eu entendi que estava na hora de ir embora.

Guardei a viola. O garçom pegou os trocados e serviu um mais martelinho transbordando de pinga.

– Cê mora longe?
– Por aí...
– Te cuida...
– Eu sei.

Olhar pro mar

Eu nunca fui muito do mar, mas estou gostando cada vez mais dele.

Porque ele está sempre aí quando você procura. Não falta o compromisso.

...

É que não dá para duvidar de tudo.

Eu precisava de alguma certeza para me segurar nessa vida. Tipo, sei lá, que amanhã, vai chover...

Só que não. Não vai.

Porque quando dizem que vai, não vai.

E quando dizem que vão, não vão.

Se te disserem "vamos!", fica quieto.

Nem te mexe.

Porque qualquer coisa que for acontecer, não vai acontecer.

E o que acontece, acontece de golpe, sempre.

E aí a gente fala: "Tem que reagir!"

Diz o ditado que não se pode contar com ninguém, a não ser consigo mesmo.

Bom. Eu acreditei no exato contrário a minha vida toda. Mas tudo bem, não tem idade para aprender. Outro ditado.

Temos que olhar para o mar.

Los crampones

Huayna Potosi, Bolívia, junho de 2013.
Seis mil e poucos metros lá no céu.
Saímos por volta da meia-noite. Mentira. Saímos de La Paz na véspera, às 14 horas. Subimos então até um refúgio onde tomamos uma sopinha e descansamos algumas horas. Aí sim: acordamos a meia-noite, comemos uma leve refeição e saímos. Estávamos eu, mais dois amigos franceses e um guia andino que fazia questão de não demonstrar nenhum sinal de empatia com o nosso abalo físico e emocional. Devia ter umas trinta pessoas subindo naquela noite, divididas em cordadas de duas a quatro, contando com um guia para cada. Várias desistiram no meio do caminho, por diversos motivos; nós resistimos, mas não sem dificuldades... chegamos em cima como dignos últimos.

Na hora em que passamos seis mil metros, com o dia amanhecendo, enxergamos pela primeira vez o topo da montanha, tão perto e já tomado de gente. Nós nos encontrávamos então no que poderia ser chamado de "reta final", quer dizer: no início de uma aresta de quase um quilômetro, com vazioZÃO do lado esquerdo e apenas meio metro de gelo a direita para se segurar com o piolet.

Detalhe: a trilha onde era para a gente andar não tinha vinte centímetros de largura...

Naquele momento, olhei ao redor e me dei conta que eu não tinha a mínima vontade de me encontrar naquele lugar.

E travei.

Falei pros guris:

– Gente... A gente vai morrer...

Ninguém deu bola. O guia seguia puxando a corda e os dois atrás estavam quase me empurrando para acelerar.

– Ó, pessoal! Oi?! Tô falando sério! A gente vai cair!!!

– *Mais non, mais non ! Tout va bien ! On y est presque ! Allez !*

– Chegando?! A gente não tá chegando, nada! Olha iss... CARALHO!!! VOCÊS ACHAM QUE É HORA DE TIRAR FOTO???

– *C'est bon, du calme !*

– CALMA NADA, PORRA!!! A GENTE TÁ MORREEEENDO!!!

Numa mistura de espanto e descaso, eles fingiram de guardar a câmera, enquanto eu fazia o maior esforço de concentração para movimentar o meu corpo.

Cada passo que a gente dava me parecia ser o nosso último. O pior foi quando os primeiros grupos começaram a descer e a passar por nós... Sim, grupos, cruzando a gente, felizes, numa aresta onde não cabiam dois pés juntinhos. Não me perguntem como.

– *Congratulations! You did it!*

– PARABÉNS TEU CU! A GENTE VAI MORRER!!! NINGUÉM TÁ VENDO???

Até que o guia finalmente parou e virou para mim com aquele ar de quem já viu mais de uma gringa entrar em pânico na sua vida. Ele ficou me observando alguns segundos antes de falar, como se tivesse analisando a situação e escolhendo a fórmula certa.

– *Confia en tus piés!* – Ele disse finalmente, com toda a tranquilidade do óbvio.

– MAS EU NÃO CONFIO NEM UM POUCO NOS MEUS PÉS!!!

Ele deu um breve suspiro e continuou no mesmo tom pragmático:

– *Entonces, confia en los crampones.*

Fiquei atônita. Caindo por dentro de mim. Olhei pro chão... e tive que admitir que aqueles grampos de ferro, fixados na sola das minhas botas, seguravam firme no gelo. Não tinha muito como escorregar. Nem mesmo querendo.

E chegamos ao topo. Choramos juntxs, de sossego e alegria, descobrindo um horizonte perfeitamente circular e a sombra da montanha se desenhando lá em baixo num triângulo caprichado.

Poucas lembranças permanecem daquela noite. O cansaço e a intensidade das emoções devem ter dificultado o trabalho da memória. Só ficou a lição, mesmo.

E assim eu fui levando a minha vida até hoje.

Confiando en los crampones.

Batuque de boteco

Eu não tô sozinho não
Eu tô bem acompanhado [x2]

Solidão, não tenho medo
É o nome do meu cachorro

E só ando com vizinho
Meu amigo é mineiro

Eu não tô sozinho não
Eu tô bem acompanhado [x2]

Eu não perco meu juízo
Do importado desconfio

Eu não morro afogado
Dou pé no fundo do copo

Eu não tô sozinho não
Eu tô bem acompanhado [x2]

Mando açúcar e afeto
Manda açúcar destilado

Mas não conta pra caipora
Ela que dorme comigo

Eu não tô sozinho não
Eu tô bem acompanhado [x2]

Pré-conceitos

"Porque é que você veio morar aqui?"

Essa é sem dúvida a pergunta que mais escutei na vida e, por incrível que pareça, com maior desempenho aqui no Rio de Janeiro. E ainda sempre com aquele tom exagerado de desamparo, que revela na verdade um sincero desprezo... Não por mim, mas sim pelo próprio país.

O engraçado é que na França, ninguém, nunca, me fez essa pergunta. NUNCA!

Lá, quando eu conto, que eu moro no Brasil, as pessoas geralmente comentam com um sorriso admirado, e até um toque de rancor:

"Mora no Brasiu??? Mas que vida, heim? Playá, sambá, e sol o ano inteiro?"

"... Às vezes chove, no inverno", respondo.

Chorei

Chorei, meu. Chorei. Aquele dia.

Não à noite. À noite, eu fiquei observando as estrelas. Elas não estão no lugar certo, já percebeu? Os desenhos delas... Os triângulos são muito tortos! Os quadrados não são quadrados. Dá vontade de mexer nelas, bem de leve, na ponta dos dedos...

Fiquei horas assim, esperando para ver se elas não iam se mover sozinhas, retificar as formas, sei lá. Mas só piorava. E acabei dormindo. Lá pelas três ou quatro horas. No chão duro do terraço.

Nem foi o sol que me acordou. Quem me acordou foram os aviões, passando por cima da minha cabeça. Costumo escutá-los quando estou no quarto. Mas eu não sabia que eles passavam tão perto, logo ali. Muito perto, mesmo. Muito perto.

Levantei. Fiz um café. Normal. Tomei um banho gelado, que era para despertar... Não deu muito certo. Demorei para me arrumar.

Quando desci, o pessoal da casa já estava acordado. Oscar sentado no sofá, com café e cigarro na mão. O Oscar sempre tem uma palavra gentil quando me vê passando com violão nas costas. Confesso que, às vezes, eu espero ele levantar para poder pe-

gar, na saída, esse pouquinho de ânimo a mais.
– Bom dia Charlie!
– Bdia...
– Vai tocar?
– Vou.
– Ai! Minha heroína!
– 'brigada, Oscar.
Fui.

Calor infernal na rua. E aquele pressentimento no caminho de que hoje não seria o dia... Mas também, não tinha como saber. Achei um cantinho de sombra numa calçada e montei o palco.
Suando, já.
E comecei a tocar.
...
Meio vazia. Invisível.
E as pessoas passando.
Negando até um olhar, um sorriso.
Não era o dia, mesmo. Verão carioca não é mole. Só sai pra rua quem tem algo muito importante para fazer. E não tem ouvido nem para samba.
E fiquei aí a manhã toda.
Cantando.
Fingindo.
Pingando.
...
Volte e meia, alguém afrouxava o passo e botava a mão no bolso. E depois olhava para mim com cara de: "Poxa, se eu tivesse aquele real¬zinho, eu até te dava..." E seguia seu caminho.
...
Depois de uns 40 minutos, um rapaz finalmen-

te achou aquela moedinha no fundo do bolso e me deu. 50 centavos. Agradeci de coração.
...
Depois de quase duas horas cantando, eu tinha ganhado mais três notas de dois e alguns trocados.
Dava vontade de chorar, mesmo...
Mas não chorei. Segui tocando!
O certo era ter voltado para casa, não era? Mas também... voltar para quê? Não tinha nada para fazer em casa, mesmo...
...
Melhor ficar tocando... mais uma música...
...
Mais uma.
...
Mais umazinha...
...
E nada. Ninguém. Na-da.
...
Tá, mais uma... e depois dessa...

Aí, não lembro qual era a música que eu estava tocando. Só sei que eu estava chegando no final dela, tipo, na última estrofe. Aí apareceu uma senhora, assim de repente, na minha frente. Ela agarrou a minha mão. A mão direita, que toca as cordas. Tive que parar.
"Segura aí!", ela falou.
Segurei. Ela tinha colocado algo no meio da minha palma.
E estava me intimando no fundo das pupilas.
"Você tem uma voz maravilhosa. Você tem que continuar."

Falou.
E foi embora.
...
Abri a mão. Tinha uma nota de vinte reais, bem dobradinha, num quadradinho.

Botei no bolso e retomei a música de onde eu estava.

Mas aí, começou a apertar o peito...

Só que já não dava mais para parar! Tomei um gole de água e tentei pensar em alguma música mais leve, que os meus nervos pudessem aguentar. Missão impossível! Todas as músicas que eu toco têm as suas cargas emocionais! Seja por algum amigo, alguma história, alguma lembrança ...

"Se a gente lembra só por lembrar... O amor que a gente um dia perdeu..."

Chegou então uma outra senhora.
Argentina, ela.
Parou na minha frente, abriu a carteira, puxou uma nota de vinte reais e a colocou no chapéu.

E também foi embora – ainda agradecendo com sorriso educado.
...
Aí foi demais.

Travei. Fiquei pensando... Me perguntando... por que é que as coisas dão certo, às vezes... E às vezes não... E qual é a nossa responsabilidade sobre isso? O nosso poder. E quantos fatores interferem? E que não têm nada a ver com a gente... Ou talvez até tenham... E quantas pessoas... Quantas coisas que a gente não entende. Sequer percebe! O universo...

A gente...

Desmontei tudo. Não chorei! Só fiquei sem fôlego. E fui guardando as coisas, devagarinho. Com calma.

E voltei pedalando no sol.

Com a segunda nota, comprei algo de comida pra casa.

Mas a primeira, eu guardei. E tá guardada ainda. Dobradinha, daquele mesmo jeito. Não vou usar.

Quando cheguei em casa, Oscar estava cozinhando. Meio atrasado, meio atrapalhado, do jeito dele. Subi direto pro quarto.

E caí em cima da cama.
Suadaça.
Molhando os lençóis e tudo.
Nem liguei o ventilador.
Fiquei ali, deitada.
Naquele bafo.
...
E aí sim, meu...
Aí sim.

Atrás da porta

Casa de madeira. Clic! Roupas penduradas. Clic! Pessoa varrendo. Clic!

Um menino correndo... Não deu tempo.

Passou por mim e sumiu.

A rua ficou silenciosa de novo.

...

Clic!

– Aqui é minha casa!

Eu sabia que ele não estava longe.

Uma porta abriu levemente atrás de mim, deixando aparecer uma cabecinha.

Fiz de conta que eu não estava vendo e fiquei tirando fotos. Depois de um bom tempo me observando, ele perguntou:

– Você é menino ou menina?

Dei um tempo antes de responder. Não esperava essa pergunta, apesar de já ter passado muitas vezes por essa situação com outras crianças.

– O que você acha?

Ele encolheu os ombros e foi sumindo de novo atrás da porta, como se tivesse feito alguma coisa errada. Ele devia ter sete ou oito anos. Baixei a máquina e olhei para ele sorrindo, deixando claro que estava tudo bem, que eu não estava ofendida.

– Sou menina.

Então, ele botou de novo a cabecinha para fora, agora mais seguro... avaliando a minha resposta...
Não ficou satisfeito.
– Então, por que é que você tem o cabelo curto?
– Porque eu cortei, ué!
Sacudiu a cabeça com ar muito sério.
– Não pode.
– E por que não?
– Porque se você é menina, tem que ter cabelo comprido!
Não respondi nada. Voltei para a minha tarefa, escondendo atrás da máquina a confusão dos meus pensamentos.
Ele também encostou a porta para se esconder... Mas logo abriu de novo... E fechou. Abriu. Fechou. Abriu:
– E por que você usa roupa de menino?
– Eu uso roupa de menino?
– Tá usando!
– Isso aqui que é roupa de menino?
– É!
– Nossa! Eu nem sabia!
A minha ironia não teve muito sucesso.
– Você é menina! Tem que usar roupa de menina!
– Sei lá... Eu uso as roupas que eu quiser... E o cabelo que eu quiser...
Sem perceber, acabei me aproximando dele, parando bem na entrada da casa.
Ele brincando com a porta e eu do outro lado, apontando a máquina na cara dele...
Abriu. Fechou. Abriu. Fechou. Abriu... CLIC!

– Ei!

– Tirei!

Eu ri, feito criança. Ele fez uma cara de chateado, mas não abandonou a brincadeira. Ela já era parte da nossa relação. Ele abrindo a porta lentamente... Olhando no meio do objetivo... Deixando à vista apenas um fiozinho de rosto... E fechando num susto!

Abriu... ... ... Fechou!

Abriu... ... ... e deixou aberto... justo na largura da pupila...

Então, ele falou assim, bem baixinho:

– Eu também gosto de usar roupa de mulher.

Lao Tse

Primeiro ser
Depois fazer
Só então dizer

Lao Tse
(no facebook)

Eu e Ela

É que os amigos são muito caretas, às vezes. Saem duma reunião e já vão para outra. Ou vão para casa. Ou estão cansados. Ou acham que com R$5,00 no bolso, não vão para lugar nenhum.

Ou seja... não era nem nove da noite e eu me encontrava mais uma vez sozinha, na Lapa, com a Bixa (é o nome da minha bike).

Fomos andando.

Paramos num boteco. Lógico.

Aquele que tem os piores tragos e os melhores papos. Eu já estava cansada de conversar, mas achei meu lugar por aí, observando o pessoal, saboreando uma daquelas canhas de garrafão, baratíssimas e bem servidas.

Quando terminei de beber, fiquei mais um tempo discutindo comigo mesma, para saber se era o caso de repetir a dose ou de voltar para casa... E acabei optando com uma determinação surpreendente pela segunda opção.

– Você tá tomando o quê?

O cara estava lá na outra ponta do balcão.

– Eu? Nada!

Olhei pro meu copo vazio:

– Eu tava com cachaça, mas...

– Pede mais uma!

– Precisa não! Obrigada! Já tô indo...
– Pede mais uma e põe na minha conta!
– Obrigada, mas não vou querer, mesmo.
– Eu gosto da sua música!
– ... ??? ... !!!
– Pede mais uma!
– Onde é que cê me viu cantar?
– Na rua! Em vários lugares! E andando por aí, também, com aquela bicicleta colorida! Pior é que nunca te dei nada, sabia?
– ...
– E aí? Qual é a cachaça que cê quer?
– Pode ser essa mineira, aí...
– Moço! Serve mais uma! Ou duas! Que essa menina canta muito!

Falou bem alto para todo mundo ouvir, deixou pago e foi embora.

...

Eu bebi.

...

E aqui tô eu...

Ferrô

Resumindo:
A igreja evangélica já se tornou um enorme poder dentro das favelas. Talvez o principal.
Junto com o tráfico, claro.
Onde a própria polícia está metida.
Mas o tráfico também é evangélico!
Assim como o prefeito é um bispo.
Apoiado por vereadores milicianos.
Numa cidade imoderadamente drogada.
...
Ferrô.

Os nossos medos

Éramos uma dúzia de crianças grandes e pequenas embaixo de viaduto, assistindo uma contação de histórias. Coisa mais fofa. Uma hora, o narrador perguntou sobre os nossos medos.
Quem tem medo de quê?
– Eu tenho medo de rato!
– Eu não tenho medo de nada!
– Alguém tem medo do escuro?
– Não!
– Sim!
– Medo de aranha.
– De barata!
– De cobra!
– De carro.
– ??!!!
Ops. Saiu assim, não quis falar. Ainda bem que quase ninguém ouviu. Só o menino sentado ao meu lado, que virou para mim, perplexo, como se eu tivesse dado a resposta mais bizarra do mundo.
– Por quê, tia?
– Sei lá...
E agora?
– Carro mata mais do que rato, não é?
Ele encolheu os ombros e desviou o olhar, com a cara de quem não entendeu muito bem e, no fundo, não precisava entender.
Sei lá...

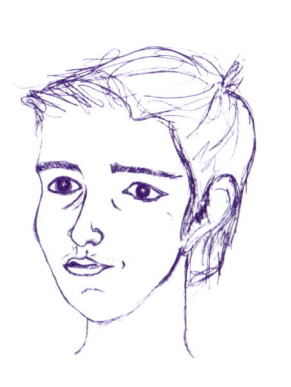

Uma vida

Quanto será que vale uma vida? Aqui no Rio? Uns quinhentos reais, talvez. Ou mil...
Baratinho.
Claro também que existem várias vidas, e cada uma tem seu preço. Por isso, existem títulos, estatuto social, aquela coisa toda. A vida da Marielle, por exemplo, deve ter custado um pouco mais do que a vidinha de qualquer um – e mesmo assim, dizem que foi subestimada.

Agora, vida de pobre em geral, ou de idoso, vem de brinde.

A criança deve ser mais cara, e pior ainda se for de classe média! Homem branco também, porque dá mais alarde, é mais arriscado...

Mas de qualquer forma... nada que não se possa pagar.

A batida

Acho que já conheço todos os botecos do bairro. E quase todos me conhecem. Em cada um deles, tenho meu trago predileto. Tem o do vinho. O da cachaça de barril. O da mineira de garrafão... Existe o balcão da pinga de um real também – ou pior: 50 centavos a meia-dose, caso estiver muito quebrado. Mas aquele é um perigo.

Hoje vim parar no boteco da batida de gengibre.

...

É uma notícia pesada por dia, sabia? Até duas, num dia ruim. Aí todas as manhãs, você acorda e pensa: "O que é que vai ser hoje?" Tem dias em que parece que não vai acontecer nada. Mas aí você fura um pneu, quebra um copo, perde um amigo. Alguma coisa vai.

Ontem, eu estava lá na Pavuna, pra tirar fotos. Demos uma volta por um bairro. Perguntei assim, se estava tendo tiroteios. Como resposta, apontaram para a creche. Toda baleada.

A cidade tá um caos. Um carnaval zoado, com fiapos de fantasia.

Lá em casa, tá tudo bem. Cada um na sua. Ninguém incomoda ninguém. O som das tevês competem a noite toda, por cima das divisórias entre os quartos. De manhã, acordam aos gritos a criançada para ir pra escola. Mas é um povo bom. E também não falta nada. Tem louça, tem cadeira, tem água, luz, banheiro, pessoas. Tem até internet. E alguns ratos sambando no meio dos gatos.

Acho que tô meio bêbada, já. É que a notícia de hoje travou na garganta e não quer descer. É a primeira vez que um cara que eu conheço mata alguém. Quer dizer, já conheci gente saindo da cadeia e não perguntei o que tinha feito. Mas você conhecer alguém, tipo um rapaz da sua idade, com quem você troca uma ideia, bebe junto, e que, pouco tempo depois, sai para assaltar e "mata a vítima"... aí fica pesado.

Pior é que nem família o cara tem. Alguns amigos vão se revezar para visitar ele na prisão.

Falei que eu mandava um abraço.

...

E agora?

Acho que não vou nem publicar esse texto. Até porque teria que escrever, primeiro! E chegando em casa, já sei como vai ser. Vou me enfiar na cozinha, engolir uma larica mal aquecida, depois subir pro quarto, anotar umas ideias aleatórias e ilegíveis, já com as pálpebras caindo que nem cortina de teatro. E depois esquecer. E amanhã é outro dia.

Pior é que eu tinha muita coisa para fazer hoje! Não era o caso de vir pra cá. Eu queria mexer naquelas fotos, escrever um texto de anteontem, divulgar um evento de não-sei-quando...

Só que é sempre a mesma história. Quando anoitece, vêm o anjinho e o diabinho batalhar num canto da minha cabeça, como num desenho animado. Bebe! Não Bebe! Vai! Não vai! Fica! Não fica! Gasta! Não gasta!

O foda é que no Rio, a esperança de vida de um anjinho é muito curta! Ele toma um tiro na primeira esquina. E quem dispara é o filho do pastor.

Acabou o jogo. Deve ser por isso que aqueles véios estão todos me olhando desse jeito intrigado. Logo eu, sentada numa pilha de caixas de cerveja, na beira da calçada. A verdade é que não venho muito aqui. Por causa do leite condensado, na batida. É ruim pro fígado.

Foda-se o anjinho. E os véios também!

Eu não acho que amanhã será outro dia. Eu acho que amanhã será o mesmo dia. O mesmo que hoje. O mesmo que ontem. O mesmo que sempre. A mesma merda.

E ainda me considero uma pessoa otimista!
Como se não fosse piorar!

Menino Bandido

Pensa numa sexta-feira nublada. Digo: com aquela umidade no ar que te molha por dentro. A praça suava dos seus últimos esforços da semana. E as pessoas arrastando o passo... E eu cantando pros pássaros.

Parou um menino do meu lado. Parou parado. E ficou escutando a música. Escutando de verdade. Ele devia ter uns 10 ou 12 anos. Assim que eu terminei, ele pediu mais uma. Toquei. E, de novo, ele ficou ouvindo até o fim.

– Esse é seu trabalho? – ele perguntou depois.
– É.
– Você ganha muito dinheiro, né?

Ele exibia um sorriso cúmplice. Respondi apontando pro chapéu que parecia furado de tão vazio.

– Olha que hoje não é meu dia de ficar rica!
– Mas os outros dias, você ganha mais!
– Costumo ganhar um pouco mais, é verdade.
– E o que você faz com esse dinheiro?
– Ué?! Eu como! Pago as contas! Sei lá!

Aí, ele ficou atônito, como se eu tivesse dado uma resposta totalmente fora do comum.

– E você? – eu perguntei. Vai para escola?
– Em Copacabana.

– Você mora por lá?

Ele desviou o olhar, visivelmente incomodado com o assunto. De fato, já era quase uma hora da tarde e eu apostaria todo o dinheiro que não estava no meu chapéu que esse menino passaria o dia na praça.

Depois de alguns segundos, ele virou para mim de novo:

– É que eu sou bandido.

Ele falou num tom muito sério e desafiador, querendo ver se eu duvidava dessa.

– Ah é?
– Você não acredita?
– Não sei.
– Então vou pegar uma arma e matar alguém.
– Matar pra quê?
– Pra você ver!
– E a pessoa? Coitada!
– Mas é que você não acredita!
– O que te importa?
– Você não acha que tenho cara de bandido?
– Ninguém tem cara de bandido!
– Então deixa que eu vou lá!

Ele falou e não se mexeu um centímetro. Mas ficou se coçando e repetindo, para ele mesmo, na maior frustração: "Eu queria fazer isso agora, para você ver... Ter uma arma..."

Mas logo mudou de postura e me perguntou:

– Você já matou alguém?
– Não.
– Você já conheceu bandidos?
– Mais ou menos.
– Já segurou uma arma?

– Não!
– Você não tem nada de emoção na sua vida???!!!
– ...?
– O que é que você faz na vida que te emociona?!
– ... Sei lá... Muita coisa...

A provocação foi trivial mas suficiente para me deixar totalmente desamparada. Fiquei procurando em vão algum exemplo, alguma lembrança, alguma realização legal ou minimamente emocionante da minha vida... eu que, até então, jurava estar longe da inércia...

– Pois é...
– Toca mais uma!
– Qual?
– Uma música que eu conheça.
– Tipo o quê?
– Tipo pagode.
– Não sei tocar pagode...

Respirou fundo com ar de "Realmente, você não presta".

Para não perder a viagem, me arrisquei num samba mais conhecido.

Nos primeiros acordes, o rosto dele se iluminou.

– ALCIONE!!!

Confesso que eu não esperava isso. E ele se pôs a dançar, sozinho, no meio da praça, sorrindo e cantando. Quando acabou a música, ele veio determinado.

– Agora eu!

Pegou o microfone e o violão, naquela animação toda. E de repente se imobilizou, meio sem graça. Virou para mim:

– É que não sei cantar...
– Mmm... Sabe rimar?
– Também não...
– Então vai falando o que você quiser!
– Falar o quê? ... Já sei! Vou descrever as pessoas! A moça de bolsinha preta e sapatos altos. O coroa de óculos e casaco marrom. As duas meninas rindo com cabelo comprido e uniforme do colégio. Olharam pra mim! A senhora da banca que vende bonequinhas. Ela tá com frio. O rapaz de blusão que parou para comer uma pipoca...

Não tinha ironia nem maldade na brincadeira. Ele simplesmente descrevia um por um os transeuntes da praça. Segurando o violão ao contrário e tocando algum acorde aleatório entre duas frases. E claro, ele não demorou muito para chamar a atenção e a simpatia de todo mundo.

Só parou quando ele mesmo quis.

Comecei então a desmontar o equipamento.

– Mandou bem, menino!
– Você não vai mais tocar?
– É que tá começando a chover. Mais tarde, eu volto.
– Tá bom.
– Qual é teu nome?
– Mmm... Deixa eu pensar... Pedro!
– Tão tá! Pode ser! Prazer, Pedro!

Sem me dar o tempo de estender a mão, ele saiu correndo.

A esquerda Coca-Cola

Com bandeira e rima
        afinando a fala
Cidadão de birra
        e de Coca-Cola
Estudante marxista
        sem braço nem perna
Mais um ativista
        usando o nome dela
Mais um bate-boca
        na cidade cega

Domingo no parque

Essa é outra história mais antiga, um pouco nadavê, mas eu queria contar.

Ela aconteceu num domingo de 2016, em Porto Alegre, no parque central da cidade que, naquele ano, tinha sido devastado por um vendaval. Estávamos sentados num banco, eu e um amigo, o Fáb, num lugar um pouco isolado e tomado por árvores caídas. Era final da tarde.

Um rapaz se aproximou, vindo de algum outro grupo, com copão de caipivodka na mão. Sem pedir licença, ele começou a puxar assunto com a gente, apoiando-se em cima do banco de um jeito bastante invasivo. Ele exalava um bafo alcoólico quase insuportável. Me ofereceu um trago que eu recusei educadamente, mas sem deixar nenhuma sombra de dúvida enquanto ao meu desconforto. Longe de entender o recado, ele chegou mais perto e sentou no encosto do banco, bem do lado do meu ombro. Perguntou se eu e o Fáb éramos namorados. Entendendo que não, se sentiu mais empoderado para insistir na cantada, esticando o braço e escorregando de leve em cima de mim.

Ele incomodava mesmo. Encurvava a cabeça até quase encostar na minha testa, de um jeito muito nojento. Várias vezes tentou me beijar e tive que desviar, buscando oxigênio por cima do Fáb – que, aliás, estava num constrangimento só, esperando algum sinal da minha parte para intervir. Mas eu insistia absurdamente em tentar convencer o cara, numa boa, que ele poderia muito bem deixar a gente em paz...

Sem sucesso.

– Bora Cha?

O Fáb interferiu no momento certo. Eu estava chegando no meu limite.

– Bora!

Levantamos. Ainda nos despedimos do rapaz com todo o respeito que conseguimos ter naquele momento e fomos andando.

– PERAÍ!

Ele estava vindo atrás da gente.

Aceleramos o passo. Ele também, até chegar à minha altura.

– Tu não gostou de mim, heim? – perguntou, agora bastante agressivo.

– Não gostei, não. – Respondi, com calma.

– E por quê?

Aí eu parei, para explicar. Falando sério, acho que raramente eu tive tanta paciência na minha vida.

– É que tu foi bastante inconveniente, né? Invasivo, na verdade. A gente estava lá sentado, eu e meu amigo, conversando, e tu veio te meter, sem perguntar se a gente não queria ficar sozinhos, sem sequer te importar com isso. E tem mais. Tu te permitiu me tocar, tentou me beijar, sem procurar saber se eu estava a fim. E, no caso, eu não estava. Então eu acho que tu teria que estar mais atento e mais sensível ao que as pessoas querem. Porque senão, tu tá desrespeitando e fica difícil gostar de ti.

A minha sinceridade careta tirou a máscara que ele tentava sustentar, desvelando agora um olhar magoado e um tanto raivoso.

– É mesmo? – ele disse, cada vez mais agressivo. – E sabe o quê? Eu também não gostei de ti!

Ai eu desisti. Voltei a andar em direção ao Fáb, que estava me esperando mais adiante.

E o rapaz, mais uma vez, veio atrás. Agora subindo o tom da voz e chamando a atenção de outras pessoas no caminho.

– Não gostei! Não gostei mesmo! E sabe por quê? Porque você parece homem! Nem mulher você é! Você tem pelo, pelo nas pernas, pelo no sovaco! Coisa nojenta! E tem cabelo curto, ainda! Tem cara de menino! Se tu não estivesse de saia, eu jurava que tu era homem!

– Peraí...

Virei para ele, diminuindo o passo novamente, quase comprando a briga.

– Me explica, então! Se tu me acha tão feia, se eu pareço um homem, por que é que tu veio falar comigo?

Aí ele parou e olhou para mim, levantando o queixo com um tanto de orgulho:

– Porque eu gosto de homem!

Entreato

Criança.
Corpo.
Sangue.
Caminhão.
Bicicleta.

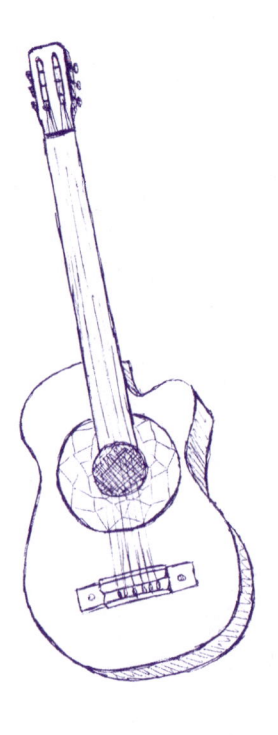

Zerade

Eu acho que aquele dia foi a primeira vez que me chamaram para trabalhar numa 4a feira. Na hora, fiquei até feliz com a oportunidade. Rolou um samba de roda e um movimento legal, no bar. Saí de lá depois da meia-noite.

Voltei com a Bixa, minha bicicleta, só que não fui pra casa. Mas sim para a ocupa nova onde eu e o Jota estávamos passando uns dias para apoiar.

– Ah, chegou! O Jota queria falar com você!

Não foi ele quem abriu a porta, mas em poucos segundos, apareceu em cima da escada, cobrando.

– Tentei te ligar!
– Eu tava no trampo!
– Você foi lá pra casa?
– Claro que não, saí agora! Vim direto!

Sem se dar o tempo de escutar a resposta, ele desceu correndo para chegar mais perto de mim.

– Cha... Eu tive lá, mais cedo, para tomar um banho. O Sérgio não estava...
– ... E aí... ?
– Cha... O teu computador também não estava.

Aí me deu uma sensação muito estranha. Como se eu já tivesse passado por isso. Mas sem conseguir lembrar quando. Tipo um déjà-vu só que mais confuso...

— Bora pra lá.

Ele nem subiu para pegar nada. Pelo jeito, não esperava outra decisão. Saímos andando, empurrando a Bixa e caminhando do nosso passo de peregrino até o Catete. Não falamos quase nada. Cada um tentava recordar-se das últimas horas, dos últimos dias, dos últimos encontros. Tentava reconstituir, entender...

— Ele pode ter pego o notebook emprestado só, para fazer algum corre e vai devolver... Vai vê que ele já vai tá em casa quando a gente chegar!

O olhar do Jota dispensava qualquer esforço de resposta. Não precisava ter muitos neurônios para entender que já era tarde demais. Na verdade, eu nem sabia por que a gente estava indo para lá.

Quando chegamos, subimos direto pro quarto. Abri a gaveta e constatei, de fato, que o notebook não estava. Sentei. O Jota desceu para cozinhar algo. Uma ideia dele.

Olhei pro quarto. Ele estava com cara estranha. Parecia, sim, que alguém tinha revirado tudo, mas sem desorganizar nada. O violão estava lá num canto. E a mala...

O fecho da mala estava aberto. O da parte de baixo, que era para ser mais escondido... E o Sérgio sabia o que eu guardava lá dentro. Eu sabia que ele sabia. E mesmo assim...

Levantei e fui abrir. Vazio.

Simplesmente vazio.

A câmera, o dinheiro, o HD, o gravador, o equipamento todo... O cara tinha levado tudo.

Era até difícil de acreditar.

Fui ver a estante mais de perto. Estava tudo mais ou menos no lugar. Só que levemente mexido. E faltavam algumas coisas, como as moedas especiais de um real que eu guardava para um amigo que fazia a coleção. E os dólares que eu tinha ganho de turistas, um dia, tocando na rua.

O cara tinha pegado tudo o que podia ter algum valor de revenda ou de troco. Me sobravam algumas roupas. Pedaços de tecido. E o violão, que não seria tão discreto de levar, na sua capa amarela.

Claro que eu podia ter desconfiado. Quer dizer, até desconfiava um pouco, eu evitava de deixar dinheiro a vista e tal... Mas ao mesmo tempo, como desconfiar? Depois de tudo o que a gente viveu? Morando junto, dormindo todos no mesmo quarto, na maior parceria? Acordando rindo, de manhã, com as piadas dele! Compartilhando tudo. Se fosse para me roubar, ele podia ter feito isso há muito tempo. Sempre teve acesso a tudo o que eu tinha e sabia que não era muito. Nada disso fazia sentido.

– Não foi só o notebook... Foi muita coisa.

Desci para a cozinha e contei pro Jota o tamanho do prejuízo, com palavras espaçadas. A cada item que eu listava, ele engessava mais na frente do fogão, transformando-se numa estátua com colher de pau na mão e os traços se decompondo. Quando terminei, ficamos um tempo em silêncio, respirando junto, engolindo a saliva.

– Vou caminhar.

– Cha...

— Preciso.
— ... Você quer que eu te leve pro aeroporto?
— ???

Achei nada a ver. Pensar que eu iria embora por isso! E nem teria como! Eu só precisava dar uma volta, mesmo.

Saí sem nada no bolso e sabendo muito bem onde os meus pés me levariam. Chegando na Urca, já senti as primeiras carícias do ar marítimo trazendo sua cura. Fui até à praia e sentei na areia. Eu estava vazia que nem a mala. Parecia que nem sangue tinha mais nas minhas veias. Nem umidade nos meus olhos. Fiquei assim me enchendo de oxigênio. Zeradx.

Nem sei como consegui voltar para a casa depois, sem perna nem corpo.

Nem que horas eram.

Nem dor eu sentia.

— Sabe, Cha... Quando te vi chorando, aquele dia, foi muito forte. Entendi que tinha acabado tudo. Tudo. Que não tinha mais esperança para nada. Eu nunca tinha sentido isso.

— ... Chorei?

— Não lembra? De manhã, você sentou na cama...

Só sei que dormi de um sono muito profundo naquela madrugada. Nem sonho eu tive. E quando acordei, no outro dia, fiquei um tempo deitada, olhando pra janela, de costas pro quarto. Meu rosto estava molhado. Aí sentei na ponta do colchão, abraçando os meus joelhos. E fiquei assim, um tempão. O Jota trouxe um café e começou a planejar o nosso dia, todo empolgado. De certo, não tinha dormido nada.

Eu fui tomar um banho gelado.

Aquilo não foi choro. Foram lágrimas.

– É que eu não sei o que vocês pensam, todos... Mas não sou tão forte assim!
– Eu nunca achei que você era forte!

E assim foi. Passamos o dia inteiro andando, passando por todos os lugares possíveis. No curso que o Sérgio fazia, nos diversos trabalhos que ele tinha, na cracolândia que fica do lado do aeroporto e que eu soube então que ele frequentava.

Avisamos todo mundo, amigos, colegas... todos ficaram arrasadíssimos com a notícia. Alguns claramente não acreditaram, o que nos deixou com mais raiva ainda.

– Na volta, a gente passa na boca.
– Peraí!
Falei e não parei.
– Quais são as consequências disso?
– As mesmas que já estão engatilhadas.
– ...
– Cha... Igual... ele deve estar bem longe, já. O cara não é burro.

Não encontramos ele. Nunca mais tivemos notícias.

Aos poucos, fui juntando dinheiro e repondo algumas coisas. O que deu. Zerando a repetição.

Troquei as fechaduras da casa. Comprei um computador novo. Ganhei uma câmera emprestada, em troca de trabalho. Consegui resgatar alguns arquivos de um velho HD. Mas a maioria se perdeu, mesmo.

O Jota ficou morando mais algumas semanas em casa e depois seguiu seu rumo, sem grande despedida, embora eu tenha alguma ideia de onde ele pode ter ido.

Aquela outra ocupação, que a gente apoiava, segue em pé até hoje. Mas a gente não dormiu mais lá.

    E assim foi.
    Foi assim.

O coração falando

Entrei sem falar nada.

Fui direto ao balcão – uma senhora estava saindo, deixei ela passar – e apontei com o queixo pro garrafão de mineira. O moço já me conhece. Ele serviu um copo americano com chorinho. Quando tomei o primeiro gole, aquela senhora que eu tinha deixado passar virou para mim e falou assim, admirada:

– Ai! Não me diz que você é do Sul!

Quase engasguei. Foi o coração falando. Juro que estava pensando em Porto Alegre no caminho. Na verdade, eu tinha saído de casa em busca de algo para comer, mas acabou que a saudade superou a fome. E vim parar aqui, de barriga vazia, para tentar resolver a situação com uma *caña*. Entrei e não falei nada! Só apontei com o queixo... E me deparei com essa mulher...

– Já na hora em que eu vi você, achei que tinha cara de gaúcha! E agora, pedindo essa cachaça! Me lembrou uns amigos meus que eram de Santa Maria. Eles sempre começavam as reuniões tomando uma pinga! Era para esquentar, que eles diziam! Eram jornalistas. Eu também. Mas eu não sou do sul. Sou do Maranhão. Mas a gente trabalhava junto no Jornal do Brasil. É. Naquela época... Não era pouca coisa! Depois o jornal deixou de existir. Agora voltou, mas já não é mais aquilo... Mas os meus amigos ainda estão aqui no Rio... Em Santa Teresa. E ainda hoje, eles gostam de bebida quente! Eu sou mais da gelada...

Eu fiquei muda, boquiaberta, engolindo essa profusão de palavras.

– E você mora onde?

Eu já tinha perdido o fio do discurso quando desembocou nessa pergunta.

– Hem... Aqui perto... – eu respondi. Quer dizer... Por enquanto... porque na verdade, estou procurando um lugar para morar!

Essa decisão também eu tinha tomado alguns minutos antes, no caminho, indo para o boteco.

– Que ótimo! Eu sou agente imobiliária! Toma aí meu cartão!

Na hora, lógico, achei que fosse piada. Que nada! O cartão dela era profissional. Mas eu devo ter expressado algum ar de desconfiança, pois ela sentiu a necessidade de se justificar.

– É... Acabei trocando. É isso que dá dinheiro! O jornalismo hoje em dia...

– Ah, sim...

– Mas vou te ajudar! Conheço muita coisa por aí! Vamos achar! Me liga!

Ela ficou mais um instante observando a minha cara confusa e por fim, perguntou com a maior bondade:

– Posso te dar um beijo para me despedir?

– Pode!

Pegou então a minha cabeça com as duas mãos e encostou os seus lábios na minha testa.

E soltou uma risada.
— Olha que eu não sou nenhuma mãe de santa, tá? Mas eu gostei de você!
Ri também. Ela deu outro beijo de bênção no meu cabelo e se foi.

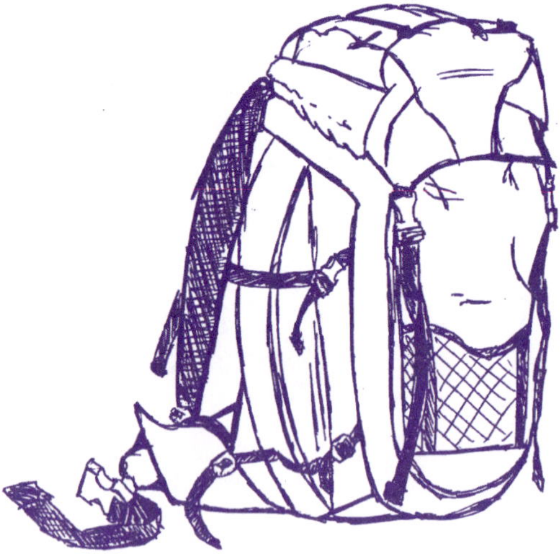

Fissura

É muita droga, né, gente! Nada contra, a princípio... Mas é muita droga, mesmo. A pedra do morador de rua, a cocaína do turista, o docinho do carnaval, o álcool e o fumo da galera toda...

O excesso consciente de açúcar nas veias e de café no coração.

E a ganância, o próprio consumo de qualquer coisa...

Eu fico me perguntando o quanto ficam alterados o ritmo e a autonomia de uma sociedade que vive numa ressaca permanente, afundando num mar de dívidas, e tão entregue ao prazer imediato.

Me pergunto o quanto uma sociedade como essa se torna dominável por aqueles que entendem muito bem desses vícios.

Papo de cachaceira, numa luz de sobriedade. Ou quase.

Cacique de Ramos

Primeira vez em Oswaldo Cruz, num evento de rua: a Feira das Yabás. Eu tinha ido sozinha, só para conhecer e tirar umas fotinhas.

Aí aconteceu aquela coisa clássica: você dá de cara com um amigo, que te convida a sentar junto com ele, a mãe, a namorada e a galera toda. Aí logo chega mais um cara que você não conhece e surge a ideia de terminar a noite num samba. Na hora de ir, aquele outro amigo traz mais três e você acaba entrando num carro qualquer, sem saber para onde você está indo e menos ainda como você vai voltar pra casa depois.

– Como assim? Você nunca foi no Cacique de Ramos???

– É que não sou do Rio...

Ao penetrar no galpão, senti aquela energia de vida tomar conta de mim, como se duas mãos de veludo estivessem esticando um sorriso no meu rosto de gringa. Abraços desconhecidos me deram as boas-vindas com todo o calor que se dá a um velho amigo. "Aqui é tudo família!", falou uma senhora me abraçando. Feliz dia dos pais! Fui tirando um por um os meus casacos de gaúcha a medida que a música me aquecia por dentro.

Dizem que tem gente que não gosta de samba.

?!

Azar. Eu amo.

Facada

Hoje dei de cara com o Bolsonaro na rua.

Pois é, tem dias assim…

Mas tenho que admitir que "dar de cara" é meio exagerado. Eu apenas consegui enxergar ele a menos de 50 metros. Não que isso não bastasse para estragar a minha segunda-feira.

Foi em Botafogo. Eu estava passando com a Bixa, quando um movimento na calçada me chamou a atenção. Tinha um bando de gente e até câmeras de televisão. Claro, por mais atrasada, eu resolvi parar para alimentar a fofoca.

Um homem estava se aproximando dos carros estacionados – digo: três carrões pretos de vidros escuros – e berrando à toa ou xingando alguém. Ou alguéns? Talvez até os próprios jornalistas. Não deu tempo de decifrar. Mas era ele, sim. O Bozo, em carne e osso, rodeado por meia dúzia de seguranças privadas. Sem esperar nada de ninguém, ele se jogou para dentro do veículo blindado e fechou a porta.

Foi muito rápido.

Mas eu fiquei toda tonta. Perdida.

Porque assim… é difícil, agora, imaginar que daqui a algumas semanas, esse mesmo homem, tão protegido, vai tomar uma facada em pleno comício…

O Preto Rico

– Tá quanto o carregador?
– 10 reais, moça.
– Mmm... Olha só, meu, não tem como fazer por menos? Porque assim: carregador, eu compro todo mês. Dura, não! Sempre estraga!
– Mas esse é da Samsung!
– Só que não, né?

Ele sorriu e me olhou focando fundo da minha pupila.

– Isso é lente? Ou ele é assim mesmo?
– É lente de grau.
– Pode ser sete. Mas o olho é verde?
– Fechado! Acho que é verde-castanho... A lente clareia um pouco.

Ele seguiu pensando alto enquanto eu procurava o meu dinheiro.

– Eu queria ter nascido branco também. Branco de olho verde.

Confesso que ainda não sei lidar com a minha própria indignação contra o mundo quando escuto esse tipo de confidência. O que me resta é me fazer de boba.

– Poxa, meu! Por quê?
– Sei lá. Por tudo o que eu passei na vida.

– Então! A sociedade que tá errada! Não você! Nadavê trocar de pele!
– É verdade...
– Aqui oito!
– Vem comigo.

Ele fez questão de me levar junto pedir emprestado o troco de um real para os outros camelôs que estavam na volta, mas ninguém tinha. Falei que estava tudo bem, mas ele não quis ouvir. Fuçando melhor na bolsinha que uso de carteira, acabei achando umas moedas para fechar mais um real. Dei para ele e ele me devolveu dois. Estendi a mão para selar o negócio.

– Qual é teu nome, amigo?
– Então... Meu apelido é Preto Rico. Mas meu nome é João Pedro.

Deixei escapar uma risada. Realmente, não esperava isso.

– Valeu, João Pedro! Gostei do apelido! Um prazê.
– Prazer! E até o mês que vem!
– Podeixá! Mês que vem eu compro aí! Tamojunto!

Outro lugar

Falando sério.
Três coisas que amo nesse morro.
1. Não tem carro.
2. Tem galinha.
3. Ninguém te pergunta (nunca!) de onde você é.

Elke

Gostei da Elke.

Quando passei na frente daquele boteco, ela estava sentada na entrada, num banco alto, sozinha com uma cerveja e o maior bandeirão do PT estendido nos cantos da mesa. Uma mulher de uns 40 anos. Postura reta e orgulhosa, do tipo "não mexe comigo..." Gostei.

Gostei também do samba que estava tocando lá dentro, num velho aparelho de som.

Entrei para pedir uma cachaça e voltei pra calçada. Fiquei um tempo parada em pé, ao lado dela... trocando olhares cada vez mais cúmplices e deixando um sorriso nada inocente tomar conta do meu rosto. Até não poder mais segurar a palavra.

– Chegou chegando, heim? – eu provoquei, brincando. – Já com bandeira e tudo!

– Nem me fala! Acabei de expulsar um Bolsonaro daqui!

Ela não estava sorrindo, não. Transbordava de indignação.

– Eu não sou assim petista fanática. Não sou de puxar a bandeira em qualquer lugar, mas o cara me agrediu! Começou a falar que aquele Outro lá ia botar ordem nisso aí e mandar todo mundo preso!

– Como assim?

— Por causa do adesivo!

Ela estava com um "Lula Livre" no peito. E, porventura, de camiseta vermelha.

— Prender a gente! Todos nós! Presos! Ele me falando isso! E apontando para mim! Aí não me aguentei! Puxei a bandeira e pendurei ela bem na cara dele! Aí ele deu para trás. Levantou, pagou – ficou falando mais umas coisas – e foi embora. Ele ficou com medo! Expulsei o cara!

Tomou um gole de cerveja e começou a recolher a bandeira.

— Agora, não precisa mais.

Dobrou ela com cuidado e guardou na bolsa.

— E você nem sabe ainda o que eu passei antes de chegar aqui! Tomei uma oração no metrô!

— Oi?

— Uma senhora que veio colocar a mão na minha cabeça e começou a rezar!

— ...??!!

— Também por causa do adesivo! Botou a mão em cima da minha cabeça! E perguntou se eu queria a ajuda de Jesus. Falei que não! Eu não queria! Mas eu quis mandar ela tomar no cu com seu Jesus! VAI TOMAR NO CU! ... ... Só que não dá para mandar o Jesus tomar no cu assim, no metrô...

Parou a música no bar.

Ela respirou fundo, tentando se acalmar, e virou a garrafa em cima no copo.

— Qual é o nome do garçom?

— Poxa... me esqueci...

— Oh Gatinho!

— Isso também funciona...

— Traz mais uma cerveja para mim!

O cara trouxe ligeirinho. Tentei a minha vez.
– Oh Gatinho! Quando cheguei, tava tocando um samba bem legal e agora parou...
– Isso! Põe um som para nós! – ela de novo. – Mas não qualquer coisa, tá! Eu quero de João Nogueira para cima!
Aí eu sentei.
Eu sabia que a gente ia se dar bem, eu e ela. Trocamos altas ideias, até muito mais tarde.

E vou te dizer, gostei da Elke. Como eu gosto dessas pessoas que têm atitudes e não vacilam. Mulheres que espantam vampiros com uma velha bandeira. Que não aceitam a salvação de Deus no meio de um bonde lotado. E não tem peso na consciência ao largar o marido em casa numa noite de sexta-feira para se perder num boteco.

Smooth Criminal

Saí do trabalho um pouco mais tarde que o horário normal. Fui pedalando pela ciclovia da avenida Rio Branco, com a Bixa. Tinha pouca gente na rua, mas nada que me deixasse desconfiada. Devia ser perto da meia-noite, porque o metrô estava fechando na Carioca e os camelôs recolhendo suas bancas em caixas de papelão. Chegando quase na esquina da avenida de Chile, tinha um casal na minha frente, caminhando na mesma direção. Tinha também três ou quatro táxis parados na esquina com seus motoristas conversando do lado dos carros.

Mais longe, percebi um grupo que estava vindo da Cinelândia. Só que não era bem um grupo. Eram uns oito, dez meninos ocupando toda a largura dos trilhos do VLT e subindo a avenida sem trocar nenhuma palavra. Fiquei na retaguarda. Até pensei em voltar para dar um tempo lá na frente do metrô, onde tinha mais gente. Mas o casal de mão dada, os taxistas numa boa... ninguém parecia desconfiado.

Segui andando. Só que mais devagar e bem perto do casal, para não ficar isolada. Atenta a qualquer sinal...

No exato momento em que eu cruzei o olhar do rapaz do meio, eu entendi. Ele também. Parei e subi na calçada para dar a volta, mas não deu tempo.

Em poucos segundos, ele estava em cima de mim, agarrando a bicicleta pelo bagageiro. Desci para não cair. Ele subiu nela e saiu pedalando.

Fiquei alguns segundos vendo ele sumindo no horizonte da calçada. Quando virei a cabeça, os outros estavam me cercando.

"O celular!" eles falavam. Não tinha como fugir. "O celular!" Fomos nos deslocando até a ciclovia de novo, eu tentando achar uma saída, eles acompanhando meus movimentos. No entanto, eles não encostaram em mim, em nenhum momento. Não me tocaram. Gritei, chamei o casal, que estava logo ali: "Oiii! É assalto, porra! Não tão vendo?" Ninguém escutava.

"O celular!" eles repetiam, e um deles colocou então a mão no bolso lateral da minha calça. Aí, eu entendi que podia dar merda. "Tá na mochila," eu falei. O cara retirou a mão. "No bolso externo".

Abriram a mochila, pegaram o celular e saíram correndo.

Fiquei ali sozinha, no meio da rua.

Estava tudo igual.

O casal. Os taxistas. A cidade noturna.

Wilsel Witzon

Oi?
?!
Peraí! Me desculpem, mas é preciso registrar isso. Voltar para trás. Tentar entender.
É preciso.
Dar uma ré de algumas semanas. Nem isso. Indo pros meados de setembro, já tá bom.
Fuçando as pesquisas... os únicos dados que a gente tem.

Os prognósticos eleitorais para governador davam sempre igual no Rio. Triste e sem tesão, até poucos dias antes do primeiro turno, tendo Eduardo Paes (PMDB) lá na frente com seus 35%. Concorrendo para o segundo lugar, tínhamos um jogador de futebol aposentado (o Romário), um advogado "ficha limpa" (o Índio) e um ex-governador incansável (o Garotinho). Os três oscilavam em torno de 15%.
Além deles, existiam mais oito candidatinhos com dificuldade em alcançar 6 ou 7% das intenções de voto.
No final de setembro, o Garotinho teve sua candidatura barrada pelo tribunal eleitoral por ter algum dia desviado dinheiro público. Restavam,

então, na corrida para um segundo turno o Índio, o Romário e o intocável Paes. Isso na quinta-feira antes das eleições.

Resultado do domingo: um certo Wilson Witzel (saúde!), candidato conservador até então desconhecido, sai em primeiro lugar com nada menos que 41% dos votos. Eduardo Paes não chega aos 20%.

Os demais estão longe atrás. Bem longe.

...

De onde surgiu esse cara que ninguém esperava? E essa sincronia de três milhões de eleitores decidindo junto, e sem nenhum incentivo midiático, de votar logo num candidato que não parecia ter a mínima chance de chegar no segundo turno? A voz do Witzel não teve repercussão na televisão e a sua discreta participação aos debates eleitorais não deu nenhum ibope. E por mais que tenha um plano de governo parecido com o do Bolsonaro, ele não era do mesmo partido e seus nomes não eram notavelmente associados.

Não há dúvida de que esses eleitores receberam a dica – ou a ordem – pouquíssimas horas antes de ir às urnas e com uma tremenda eficiência. Alguém fez isso, discretamente. Mas quem?

Desconfiei e fui atrás. Me falaram em vídeos compartilhados em redes sociais, com pastores evangélicos apelando a votar no 20 – Partido Social Cristão. Não é difícil imaginar essa campanha acontecendo também fora nas redes, nas igrejas, em pregações. Mas não deixa de ser assustadora essa viralização sem vazamento e isenta de críticas, atingindo na reta o público disposto a (re)pensar o seu voto. Em menos de 10 dias, o candidato de nome impronunciável passava de 4% a 41%.

Alguma coisa está fugindo do raciocínio. De um lado, temos militantes tradicionais distribuindo adesivos e debatendo grandes temas como salário-mínimo, previdência, cesta básica, voto útil, aquela coisa toda, num período intensivo de 50 dias e noites. Do outro, uma instituição que está há décadas aliciando no porta a porta, subindo o morro de turminha e uniforme, oferecendo água, rango e "salvação" para a galera da rua, acolhendo todos e todas com cuidados e conselhos, juntando malas e malas de dinheiro lavado, e que chega toda poderosa na véspera do dia D com uma orientação de voto baseada na fé e nesse vínculo afetivo e humano que estava só esperando para ser acionado.

E nós na esquina, adesivados da cabeça aos pés, ainda achando que vai virar o jogo...

O tal de Terceiro

É interessante notar que a expressão "Terceiro Mundo" é uma tradução deformada do conceito definido no texto que lhe deu origem.

O primeiro falar em "Tiers-Monde" (literalmente: "Terço Mundo") foi um economista francês da época da guerra fria. Ele estudava então aquele enorme conjunto de países que não queriam se alinhar com nenhum dos dois blocos dominantes. E a escolha dessas palavras era uma referência muito clara ao "Tiers-Etat" que, na Revolução Francesa, era aquele "Terço" maiorzão da sociedade, que não pertencia a nenhum dos dois poderes – nobreza e igreja – mas era explorado por eles e, sobretudo, acabou se revoltando.

Ou seja: o cara estava querendo chamar atenção não apenas sobre a desigualdade global, mas principalmente sobre o potencial desses povos colonizados que, unindo-se, poderiam derrubar os poderosos e repetir a história francesa.

Só que não. E em vez disso, sei lá por que, o Terço virou Terceiro.

Escada escura

Me lembro bem da primeira vez que eu andei sozinha numa favela do Rio. Eu estava num evento que começou no fim da tarde e ia terminar depois da meia-noite, mas eu tive que sair mais cedo para pegar o último metrô. Só que o caminho para descer – ou melhor: o atalho que tínhamos pego na ida – era bastante escuro e um tanto intimidante para quem ainda era novato. Antes de me atrever sozinha, perguntei para uma moradora se não era perigoso usar aquela trilha.

"Não te preocupa, é tranquilo!" respondeu ela. "Hoje não tem polícia!"

Eu fiquei me perguntando sobre a dose de ironia que podia ter uma tal afirmação, embora a autenticidade do tom da voz dela não desse nenhum motivo para isso. Era uma simples afirmação.

Desde então, eu subi e desci muitas vezes essas escadas, sozinha ou não, em diversos lugares do Rio. Até vir morar aqui, em cima de uma delas. 300 e tantos degraus... melhor estar em boas condições físicas! Mas aqui, pelo menos, a polícia não costuma entrar.

Teve uma vez que cheguei bem tarde, na madrugada, e de mochila ainda. Comecei a subir, devagarinho, cansada. O primeiro lance da escada é o pior: os degraus são mais altos e estreitos. Depois de uns cinquenta, você chega no primeiro patamar, onde tem um boteco, que no caso, estava fechado. Naquela noite, aliás, estava tudo fechado, o que não era tão comum... Lembro que cheguei a estranhar o silêncio e a escuridão. Mas enfim. Segui subindo. Passando pelo primeiro posto dos meninos do tráfico, balbuciei um "boa noite" meio patético, sem afrouxar o passo.

A segunda parte da escada é mais de boa: os degraus são mais espaçados e a trilha em zigue-zague é menos íngreme. De dia, costuma ter crianças brincando. Mas a essa hora, claro, a pracinha estava deserta.

Escutei um barulho atrás de mim. Olhei. Tinha outro morador subindo também.

Ah, tá.

Segui andando.

...

E parei.

E pensei... há quanto tempo, na minha vida, seja no Brasil, na França ou na puta-que-pariu, isso não acontecia?

De eu estar sozinha num lugar escuro e sem saída, de madrugada, perceber que tem um homem desconhecido atrás de mim, pensar simplesmente: "Ah, tá" e seguir andando?

Eu acho que nunca tinha acontecido.

Quer dizer... Eu não estou fazendo a apologia de nada. Nem queria estar escrevendo isso aqui. Foi um sentimento que eu tive, apenas, e que eu quis compartilhar. Um mero sentimento.

    Eu parada, pensativa, no meio da escada...
O cara passou por mim e avisou que a minha mochila estava um pouco aberta.
    ...
    Agradeci.

O que não é fantasma...

... não assusta!

Na maior parte do Rio de Janeiro, quem manda nunca foi eleito. Em quase todos os territórios, as entradas e saídas são vigiadas e, a troca de segurança ou de proteção contra algum exército invasor, as liberdades já foram reduzidas. Nunca se chegou perto do povo definir democraticamente as leis em vigor e poucos cogitam em manifestar publicamente alguma crítica ou discordância com o poder local.

E no fundo, para que ser contra? A troco de quê? Quando a humilhação, a injustiça e a violência maior vêm lá de fora! Porque no morro, se você não mexe com ninguém, ninguém mexe com você, nem com seu dinheiro, nem com sua família. Pode viver a sua vida e, em último caso, ter fé em Deus.

Aí chega o cara lá debaixo, querendo te assustar: diz que se você votar no Fulano, vão acabar com os direitos, com a liberdade de expressão, que as pessoas vão andar armadas e que a polícia vai matar!

Mas me diz de que voto ele tá falando!

O que não é fantasma não assusta.

Bom dia

As vozes do corredor se fundiam nos bastidores da minha sonolência. Deviam ser umas sete da manhã, ou nem isso. Perdi o início da conversa, até as palavras formarem sentidos na minha mente.

– E você, então? Fiquei curiosa, agora...
– Eu? Não dá mais! Vou no outro!
– Sério, mano?
– O PT é ladrão!
– Mas o Bolsonaro é pior!
– Mas vai botar ordem nisso aí!
– Te digo uma coisa: o Haddad tá casado há trinta anos com a mesma mulher! E o Bolsonaro, a cada dez anos, troca por uma mais nova. E cê acha que um cara desses é confiável?
– O PT roubou demais!
– Olha, não sei de quem roubou, então! Porque eu sei que antes do PT, eu nunca tinha saído daqui. E nos últimos anos, viajei três vezes para fora do país. O PT mudou a vida do pobre, essa é a real!
– Mas não dá. Não dá mais. Roubaram demais. Tem que dar um jeito...

Portas batendo, passos descendo a escada.

Bom dia.

Lá na Venezuela...

Teve um dia em que eu desisti. Porque, na boa, me esforcei tudo o que eu podia, durante essas eleições. Conversei com muitas pessoas, ouvindo tudo o que é argumento.

"Dizem que ele é racista, mas ele mesmo diz que não! Ele tira foto com negros!"

Digo, ouvindo de verdade: escutando e procurando entender.

"Ele não é homofóbico! Eu conheço até gays que defendem ele!"

Não me permiti nenhum julgamento quando enfrentei uma opinião diferente da minha.

"Tudo bem, ele não precisava defender a ditadura... mas também isso não é um motivo para demonizar o cara!"

Mesmo sendo muito diferente.

"Você realmente acha que ele vai torturar?"

Não comprei brigas.

"Assim: ele é um mal necessário."

O pior foi no bar de camisa branquíssima onde passei o mês de outubro trabalhando todo dia. A maioria dos frequentadores era gente boa, mas alguns chegavam e mandavam um discurso tenaz e muito sem graça. Mais que um fanatismo, era um cinismo terrível que predominava nos clientes de direita, movidos por argumentos meramente econômicos – entenda-se: preocupados com as suas próprias carteiras – e longe de levar a sério as tais "provocações" do capitão.

Agora, o Zé Mauro era um caso a parte. Do tipo histérico, que não te deixa terminar o início de uma frase sem te interromper pelo menos três vezes. Ele vinha todo dia no fim da tarde tomar seu chope, discursando aos berros para todo mundo ouvir, atento à reação das mesas vizinhas e apontando para mim, sem sequer olhar para minha cara, toda vez que ele pronunciava as palavras "petista" ou "feminista". Sim, para mim, que provavelmente represento tudo o que ele odeia nesse mundo. Mulher de cabelo curto – "quer ser homem mas não tem testosterona!" – e ainda por cima francesa – "os Franceses são de esquerda!" – acabei me tornando, e com um certo orgulho, a musa das suas arrogâncias.

Pior é que cara o não era burro – quer dizer: não era para ser! Advogado, estudado e bem-sucedido na vida, do tipo que gasta sem perceber seus 50 contos por dia no happy hour como quem iria tomar um café na esquina.

Claro, ele não andava só. Quase sempre vinha acompanhado de seus dois fiéis companheiros: um coroa moreno de sorriso cravado e um alemãozinho com olhar experto. Eles que escutavam calados as declamações do seu mestre, entre admiração e vergonha quando ele se punha a gritar, e pareciam treinados para dar ênfase aos destaques da palestra, inclinando levemente a cabeça e repetindo sempre duas vezes as palavras chaves do discurso.

Esse era, então, o Zé Mauro: "descendente de Italiano e fascista, sim!" como ele mesmo se definia. Confesso que em muitas ocasiões, tive que superar todas as minhas capacidades de abstração para não morrer de infarto.

Mas aquela vez, eu nem lembrei de fingir indiferença alguma. Achei que eu tivesse perdido o início da piada e fiquei observando eles, tentando entender o contexto.

– Lá na Venezuela, eles comem crianças! – o Zé Mauro berrava enlouquecido no meio do bar. – Eles comem crianças!

Só que não era piada. Eles sequer estavam rindo da minha indignação como costumavam fazer quando largavam esse tipo de provocação estúpida. O papo era sério e as expressões bem fechadas. Seria ensaiado demais se fosse teatro.

– Eles comem, sim!

– Comem, comem... – os dois outros inclinando a cabeça.

– Mas claro que comem! Não tem comida lá! As pessoas estão passando fome! Comem crianças, pô!

Teve uns segundos de silêncio. Ou então fui eu que deixei de ouvir, de tão chocada que eu estav...

– E O PT APOIA ISSO!

Apontou para mim.

– Apoia, apoia...

Esse cabelo

Estávamos sentados na calçada, com alguns amigos, curtindo um solzinho.
Ela já estava lá, quando a gente chegou. Meio deitada, apoiada contra a parede, lata de refri na mão. Não pareceu se importar muito com a nossa invasão. Assim como a gente não procurou incluí-la na nossa conversa. Ficou cada um na sua bolha. Até o momento em que, do nada, ela virou para mim e falou bem alto:
— E você, com esse cabelo!
Colisão de bolhas. Todo mundo parou para ver. Ela não estava olhando para minha cabeça. Mas sim para as minhas pernas.
— E você nem se preocupa, né! A gente fazendo de tudo e você...
Ela sorria mas eu senti que não era zoação. Era outra coisa. Alguma magia do momento. Abri a boca para responder mas não me veio nenhuma palavra.
Ficamos alguns segundos nos observando uma a outra, como num espelho. Ela — ou elx? — também tinha pelinhos nos seus braços e pernas. Só que descoloridos. Branquinhos na sua pele escura, brilhando à luz do sol.
— Nós fazendo de tudo...

A ironia era que eu também tinha tentado fazer a mesma coisa, em casa, de manhã. Resgatando uma sobra de pó descolorante esquecido no fundo de uma gaveta... Só que quando comecei a usar a mistura, achei que ela estava com aparência suspeita, amarelada e com maior cheiro de estragado. De fato, nem lembrava de quando eu tinha comprado aquilo. Fiquei então imaginando a quantidade de químicos que essa merda deve ter e o tamanho do efeito radioativo que poderia provocar nas células do meu corpo... Azar. Corri para baixo do chuveiro e redimi as minhas pernas de macaco.

Eu poderia ter contado isso para ela. Mas não fiz. Fiquei sem saber o que dizer, mesmo.

– E você não tá nem aí!

Ela continuava comentando, pensando alto, sem constrangimento. E afinal das contas, o meu silêncio tão desarmado lhe deu uma boa oportunidade de desabafar. Desabafar sobre tudo. Sobre o jeito que tem que ter... e as coisas que tem que fazer. E sobre como as pessoas ficam te olhando, sempre... e o que elas querem, e que não dá para entender, porque as pessoas são muito complicadas e não sabem o que querem, e a gente também não sabe... Só que mesmo assim, às vezes, dá vontade de fazer as coisas do jeito que a gente quer... e de ser do jeito que a gente é e... e... e dizer... dizer... FODA-SE!

– ISSO!

– Gostei de você!

– Eu também!

Nessa altura, os outros já tinham retomado a sua conversa. Tinha-se formado uma nova bolha ao redor de nós duas, onde ecoavam os nossos fracassos.

Rebeldia é algo frágil.

De repente, ela deu uma grande risada e voltou a apoiar a cabeça contra a parede, desviando o olhar. Estourando a bolha novamente.

E mandando as nossas energias para algum lugar.

Autopreconceitos

Perdi meu celular.
Pois é... de novo...
Recém-comprado, de terceira mão.
Mas dessa vez, eu perdi, mesmo, nem foi roubo!

Eu estava indo pegar o avião para visitar a minha família na França, e deixei ele no busão, a caminho do aeroporto. Quando me dei conta, já não dava mais tempo de voltar, ou eu perdia o voo.
Só me sobrou ficar resmungando comigo mesma a viagem inteira.

Mas chegando lá, boa notícia! Fiquei sabendo que um amigo meu tinha recuperado ele! Simples assim! Ele tinha ligado para falar comigo, e quem atendeu foi o motorista do ônibus. Marcaram de se encontrar no dia seguinte e o cara devolveu sem cobrar nada. Me mandaram até uma selfie junto, tirando onda!

Quando, toda abobada, eu fui contar a história para a minha mãe (francesa), ela respondeu assim:
"Ainda bem que isso aconteceu no Rio, heim? Porque se fosse aqui em Paris, você nunca mais encontrava o celular!"

Marighella era vegano

— Você é vegetariana?
— Sou.
— Que bonitinho!
— ...
Gostei, não.
— Eu não acho nada bonitinho, mas tudo bem.

A guria ficou um pouco acuada com a dureza da minha reação. A intenção dela era puxar um assunto, não causar polêmica. Só lhe restava levantar a bandeira branca para se salvar.

— Ah...? Quer dizer... Quais são os seus motivos para ser vegetariana?
— São vários. Políticos e ambientais, principalmente. De saúde também...
— Então, eu acho fofinho!

Não se aguentou e ficou feliz de novo. Perdeu. Porque a minha paciência já tinha esgotado ao longo do serviço da noite – assim como, ao longo do ano, a minha capacidade de ser uma pessoa "de boaça" no Rio de Janeiro. Agora era a hora do papo reto nos bastidores.

— Então. Eu não acho fofinho. Eu acho bem grave, na real. Fofinho seria, tipo, não querer matar os animais.
— Mas não é isso?

— Claro que não! Acabei de matar uma barata na tua frente, já esqueceu? Não tô pelos animais. Eu até caçaria, se fosse o caso.

Aí, lhe caiu a ficha que, na verdade, o assunto era mais intricado do que imaginava e que já não tinha mais como voltar para trás. Ela parou um pouco para pensar e mudou o tom das perguntas.

— Não entendi então... O que é que você quer dizer com "político"?

Falei do cultivo de soja transgênica e tóxica, do desmatamento, do agronegócio, de tanta terra sacrificada para alimentar gados, quando tem gente passando fome no mundo. Claro, chutei os números, dramatizei os dados, extrapolei as minhas próprias opiniões, enfim... já era tarde e eu estava sem condições para fazer concessões.

E falei também da criação industrial de animais em locais que pareciam mais usinas do que fazendas...

— Pois é! Nem me fala! Eu já vi uns vídeos na internet. É horrível, mesmo. Tive que desligar, sabe? Não suportei. E ainda bem! Porque se eu tivesse assistido até o fim, ia ter que ser vegetariana, mesmo! Porque senão, ia me sentir muito culpada comendo carne. Então melhor assim, porque eu não queria me sentir culpada. Gosto muito de carne.

Levantei para lavar o meu prato. O ar quente da cozinha estava me deixando meio tonta. Ela continuou falando.

— Mas cada um faz a sua parte, né? Olha, eu não sou vegetariana, mas tenho uma hortinha em casa, na janela!

— Que legal. É isso mesmo. Viu, eu nem tenho horta!

Deixei o prato secando ao lado da pia e voltei para o salão.

Ainda tinha bastante gente consumindo no bar e muitas comandas para fechar, mas a maioria dos clientes que sobravam eram conhecidos, daqueles que gostam de trocar uma ideia sincera quando baixa o movimento e que não vão embora sem te dar um abraço.

— Bom final de ano, querida! E que 2019 seja melhor para todos nós!

— ... Olha, eu não acho que 2019 vai ser melhor...

Assim: eu não queria estar quebrandoo clima... Mas era preciso abrir o jogo – o deles, no caso. Saber com quem a gente está falando.

— Pois é, querida... temos um probleminha lá em cima, né...

— Eu vejo mais de um, mas tudo bem.

Tá, quebrei o clima. Mas pelo menos, eu tive o alívio de me deparar com um certo consenso "contra ele" entre os frequentadores mais próximos do bar – todos meio "esquerda-caviar", na verdade. Quer dizer: "Ciro-Gomes-com-linguiça".

Passado o meu horário, deixei os últimos boêmios à carga do patrão e tirei o avental.

— Marighella!

Dessa vez, foi o Bruno que veio tentar a sua chance comigo, bombando o peito por cima da sua barriga de churrasqueiro:

— Marighella, meu herói!

Ele estava apontando para a minha camiseta vermelha com retrato do guerrilheiro.

– Ah, tá – respondi.

Só para situar, o Bruno é o tipo de sujeito que parece vir aqui só pelo prazer de mandar na garçonete e sugar os amigos, com seu jeito enrolador e um tanto machista. Chegando mais perto, ele seguiu na provocação, com queixo levantado para se dar um ar de superioridade.

– É que eu sou muito mais de esquerda do que você acha que é.

Confesso que me impressionei com a complexidade sintática da frase – que atribuo mais à cerveja do que a algum raciocínio consciente por parte dele. Não respondi. Ele insistiu.

– Sou mesmo! Você não me conhece!

– Acredito.

– É que não dá para ser tão extremista, assim, que nem você!

– Não sou extremista.

– É que a gente tem que se divertir também! Não é só lutar! Tomar um chope ou dois... A gente não pode deixar de viver!

– Sem dúvida.

– O negócio é prático! [Risada]

Tá certo: o negócio é prático. Eu estava aqui para recolher os copos e não para esquentar a cabeça. Larguei ele na porta e fui limpar as mesas da calçada. Na rua também a temperatura estava acima do normal.

Entrei, lavei mais uma louça e fui sentar num canto para esperar as minhas colegas. Ainda tinha uma meia-dúzia de sobreviventes no salão, tomando as melhores cervejas importadas. Nessa última noite antes do recesso do fim de ano, eles apostaram com o dono do bar de zerar todo o estoque.

No caso, tinha no meio da geladeira de vidro uma "Adeus" que eles namoravam com os olhos brilhando. A garrafa parecia uma de champanhe. O preço também: 400 e poucos reais. Era a mais cara de todas.

Ficaram horas se desafiando, dizendo que iam abrir.

"Vamos abrir?"
"Vamos!"
E vão abrir, mesmo!
Claro que vão!
Vão, sim!
Assim dizem!
Abriram.
Não sei quem pagou.

Mas dividiram a bebida dourada entre todos e todas, sem esquecer das trabalhadoras.

Socialismo de verdade.

E brindamos, felizes, achando que a gente estava na Alemanha de 1930 e que estava tudo bem.

Eu acho que acabou o meu tempo no Rio.

Cadê a poesia?

Quando vim morar nessa cidade, há 18 meses, eu tava numa onda de poesia, lembra? Bonitinha. Eu não levava jeito. Cheguei a postar alguma coisa, bem no começo.... E depois nada.

Bisbilhotando agora nos meus rascunhos e cadernos, só encontro linhas de desabafo confuso, sem início nem fim. Sem inspiração.

Segundo os dados oficiais, são mais de 2000 homicídios por ano na capital. Quer dizer: na cidade do Rio de Janeiro, 6 vezes por dia, alguém mata alguém (no estado, são 18).

Sem poesia.

Chuva de verão, meio metro de água suja na Glória. Quase ninguém passa. Eu fui, de bike, enfiando rodas e pernas debaixo da lama, de noite, sem enxergar o asfalto, pedindo para cair nos buracos.

Quando cheguei em casa, fui direto pra cozinha, me servir uma cachaça. De repente, senti umas cócegas na coxa. Uma barata subindo. Me dei conta que eu estava com maior cheiro de esgoto. Ela já ia se atrever na lateral da minha barriga quando mandei ela quebrar as asas contra a parede.

Poesia nada.

Eu vejo bastante dinheiro circulando por aí, em todos os lugares. O lance é que quase ninguém consegue segurar ele. A grana vai passando de mão em mão, sempre mais ligeira na carteira do pobre. E pior: ela só vai subindo! E quando chega lá em cima, não volta mais.

A comida é o contrário: ela vem caindo. Na calçada, no lixo, no mar... Há tempo, por exemplo, que a gente não compra mais pão lá em casa. Pegamos direto na saída do mercado, qualquer dia da semana, por volta das 21:30. Vem tudo empacotado no sacolão preto – no meio de outras coisas, claro, tem que separar. Pão de milho, pão integral, pão brioche, bolo de chocolate. Tem até várias famílias, brigando, em geral, para levar os melhores bolos. Quando eu vou, fico esperando do ladinho ou dou um jeito de chegar mesmo no final, para pegar a sobra da sobra. E ainda assim, abastece toda a Ocupa por uma semana.

Tem algo que me incomoda. Um pedaço de mim que me faz falta. Eu sempre vivi apaixonada. Quando não era por alguém, era pela vida, ou por muitxs. Essa paixão constante era solta, embalava tudo o que eu fazia, as pessoas que eu amava, tudo. Mas do nada, eu travei. Não sei dizer nem como foi e nem quando. Só sei que sobrevivo há meses numa indiferença medonha quanto à beleza das pessoas.

Quando alguém desperta em mim algum sentimento de admiração ou simpatia, a chama não acende, como se estivéssemos todos debaixo d'água, num rio gelado, como numa desilusão prévia.

Eu queria compartilhar isso em prosa.

Não dou conta.

Um dia, duas favelas, três metralhadoras. Vou jogar no bicho!

Quando entrei na cozinha, tava lá o gato caçando, mais rápido e ágil que a própria sombra. Não demorou muito para dominar o adversário: um ratinho ainda filhote, que se encontrava acuado contra a parede, tremendo e soltando gritos estridentes, sem nenhuma chance de se safar. Só faltava finalizar o trabalho, mesmo. Mas o gato não quis.

Foi aí que eu entendi que ele não estava caçando para matar, e menos ainda para comer. Ele queria brincar, apenas. Começou a dar umas pateadas no corpinho do rato aterrorizado, arranhando a sua pele; deu umas mordidas no rabinho dele, machucando de leve. Várias vezes, ele fingiu que deixava ele fugir e fechou ele de novo, num outro canto. Aí recomeçava a cutucar, concentradíssimo, observando cada reação de dor da sua vítima. Era difícil saber se estudava de verdade ou só se divertia na crueldade. Tinha algo muito forte acontecendo. Uma vingança fria, um sadismo tranquilo. Ou então, talvez, a simples ingenuidade de uma criança, inconsciente da sua própria capacidade de ferir.

A tortura durou meia-hora ou mais. Os gritos do rato pareciam prantos de pavor, e ele seguiu chorando ou chamando até o último sopro. Até não poder mais se mexer, de tão fraco.
E mesmo assim, o gato não matou.

Quantas pessoas eu conheci na vida? Contando todas as viagens, as diferentes cidades onde morei, os estudos, a família, os amigos de amigos, os rolês aleatórios... Deve ter umas trinta mil, ou mais, com quem eu teria, pelo menos, trocado um "bom dia" olhando nos olhos. Até hoje, apenas três tiveram maldade comigo – ou digamos que ultrapassaram certos limites na falta de empatia. E mesmo assim, preciso ressaltar que nenhum deles meteu a mão em mim, ou me machucou fisicamente falando. Estou me saindo muito bem! Não vou deixar de confiar. Jamais.

Ontem, beijei um cara numa festa. Um gato. Foi apenas uma vez grudado um no outro que ele se deu conta que eu era "mulher". Vou jogar no bicho, mesmo.

Não sei explicar.

Não sei como a droga consegue me dar tanta inspiração e ao mesmo tempo a incapacidade total de segurar o fluxo dos meus pensamentos. As ideias me vazam pela boca, eu falando sozinha, sem ânimo para escrever. E depois eu caio no sono.

É um dilema insolúvel, esse de sentir que não tem o que fazer mas que também não se pode ignorar. Há quem enxerga o mundo como ele é; há quem vira as costas para não se incomodar. Eu invejo quem consegue olhar sempre para o lado bom das coisas. Eu não consigo.

Eu fico procurando a poesia. Que é o que sobra.

O material não é nada. A esperança é um pouco mais.

E poesia tem! Tem sim! Em toda esquina! Tem na barata, tem no gato, tem no rato morrendo!

Existe a poesia do medo, do desespero e da indiferença.

A poesia da raiva, da sabotagem, da destruição de si mesmo.

Tem poesia no sangue, vermelho!

Poesia na promessa e na enrolação, na ilusão de quem acredita.

Tem poesia nos prédios vazios, abandonados e caídos. Nas suas janelas quebradas, no musgo nascendo, no mato brotando.

Tem poesia no mofo, espumoso e fofinho, se espalhando por cima de um prato de comida.

A gente não olha pras coisas bonitas!

Tem poesia no olhar do menino pedindo esmola... e que te reconhece.

Tem poesia no trabalhador acumulando serviços, doze horas por dia, de segunda a domingo, e ainda aproveitando o intervalo do almoço para pagar essas contas que não existiam antes.

Poesia no homem exausto que, no final da

tarde, senta para tomar uma gelada e encerra o dia convencido: "O que eu tenho, Deus me deu."
Poesia nesse Deus que só empresta com juros.

O samba é poesia! Quem nega?
Poesia no corpo foliando, debochando, exibindo.
Poesia no pé descalço dançando no asfalto sem se queimar.
Partido alto! Pam pam tá! Pam pam pam tá! Pam pam tá! Pam pam pam tá! ...
O verão é poesia!
Não sente esse calor?
Não sente o suor pingando e brilhando, feito purpurina no canto da tua testa?
Tem poesia sufocando no ar quente, abafado!
Poesia gotejando, no quinto dia sem água no morro.

É poesia na chuva desabando, alagando, arrebatando, limpando tudo.
É poesia no mar que desvela a praia, no horizonte gigante e sempre aberto.
É poesia no vento sinuoso do fim da tarde, que se enfia nas vielas e se joga inocente na tua cara.
É poesia no passinho do gurizão armado que, quando te vê subindo, já abre o caminho do morador para te deixar passar. E faz com que você, apesar de tudo, se sinta um pouco em casa.

Feito Papai Noel

Catar uma casa inteira na rua não é difícil, não. Difícil, mesmo, é encaminhar de maneira responsável tudo o que um dia foi seu. Estou há duas semanas organizando as poucas coisas que eu tinha e finalmente enxergando o fim da tarefa. As ferramentas foram para ocupações, o material de escritório para projetos sociais, roupas e livros para moradores de rua, a panela elétrica para colegas de trabalho, a cadeira e alguns objetos em estado razoável para os tios do "shopping chão". Apenas as matérias-primas como tábuas e caixotes de feira foram mesmo terminar as suas existências no lixo.

Agora vazio, o meu quartinho azul de sete metros quadrados parece ainda menor. O colchão, que vai amanhã pro apê da vizinha, segue ocupando a metade do espaço. O resto é tomado por mochilas e sacolas que levarei não sei como para a casa de uma amiga.

Sobrou apenas uma sacola, pendurada do lado da porta. Dentro dela, um pacote caprichado de plástico translúcido, amarrado com uma fitinha dourada. Esse aí está comigo há um tempão... Foram os guris, na época, que conseguiram isso de doação na rua, provavelmente de alguma igreja. Trouxeram pra casa, mas ninguém chegou a usar. E eu queria repassar para alguém que precise.

Enfiei ele numa mochila e saí pra rua, feito papai noel, tocando o destino num solzão de dezembro.

Desci toda a escada do morro de cabeça baixa, sem olhar pro pão de açúcar e nem pro céu azul. Passei reto pelos moleques vigiando e pelas 12 lixeiras transbordando de tralhas e sacos rasgados, que ficam na saída da favela. Chegando no asfalto, peguei à esquerda, direção Centro. O guri da oficina de bicicleta estava trocando uma câmara no meio da calçada e o boteco grandão da esquina já estava passando um jogo.

Dobrando na rua do Catete, tem uma outra ocupação com bandeiras e portas fechadas onde nunca entrei, e depois, uma fileirona de lojas, espetadas numa quadra só: ferragem, lotérica, hortifruti, casa do biscoito, sanduíche de grife e armazém de tintas, culminando na incontornável padaria 24 horas da rua Santo Amaro – salvação da larica e da segurança na madrugada. Eu sou mais amiga do garçom do botequim do meio que deve ter sido coadjuvante de algumas crônicas desse livro. Outro personagem ilustre do bairro: o barbudo cuidador da rua. Contratado pelos comerciantes, ele conta as horas da noite caminhando pra lá e pra cá, tomando uns tragos e observando sutilmente o movimento da calçada.

Na saída do metrô da Glória, o movimento se intensifica, agitado também pelos vendedores de frutas e verduras que montam suas bancas na frente do supermercado. Aqui rola uma xepa boa por volta da meia-noite. Aqui também começa o tal de "shopping chão" onde você encontra tudo o que não precisa e muito mais.

Acelerei o passo, de cabeça baixa, espiando as pessoas pelos pés. Segui reto no meio das mesas do bar da Cândido Mendes, onde sempre se encontra algum conhecido. Quase corri pelas calçadas estreitas da rua da Lapa e atravessando suas pracinhas de concreto. Desemboquei no largo dos arcos, deserto e vasto.

Parei.

Olho ao redor...

De tudo em mim, de cada passo, cada gesto, cada pensamento emana um bafo de despedida... Só eu sigo negando! Eu juro para quem pergunta que voltarei "depois do carnaval". Doce ironia... de tantas vezes que ouvi (e odiei) essas três palavras quando cheguei na cidade!

Atravessei a praça e fui cair na rua do Passeio Público, do lado do Automóvel Clube Brasileiro onde também teve uma ocupação uns meses atrás. Nessa quadra, a efervescência do centro já começa a se expressar. Parece que as pessoas brotam na calçada e já saem apressadas, tropeçando nos carrinhos dos vendedores de doces caseiros ou salgados árabes.

De repente alguém se jogou na minha frente, quase pulando em cima de mim, de braços abertos, barrando a passagem.

Se não fosse uma mulher baixinha, com toca de papai noel e sorvete na mão, eu poderia achar que isso era assalto. Mas de fato, não houve nada de agressividade. Talvez apenas um toque de autoritarismo perdoável na sua determinação.

"Não é dinheiro!", ela disse de imediato, como antecipando alguma reação minha. Antes de prosseguir, ela deu uma mordida gulosa no sorvete, como para deixar entender que também não precisava de comida.

"Então é o quê?", perguntei, sorrindo e torcendo para ela pedir um simples abraço ou algum favor divertido.

Ainda comendo, ela levantou o pé bem alto para me mostrar a sua sandália arrebentada.

– Meu chinelo tá muito gasto. Olhaí, não dá mais!

Trocou para me mostrar o outro pé, que estava pior ainda.

– Eu preciso de um novo! Arranja um para mim!

Ela implorava com a desenvoltura encantadora de quem não tem nada para perder. Claro, eu nem acreditei no que estava ouvindo. Achei que fosse um golpe de algum amigo que tivesse me seguido desde o início... Mas era impossível. A situação era essa, autêntica.

– Olha... eu até tenho um para te dar... – eu respondi, falando bem devagar. – Ele está novinho. Só não sei se serve, porque talvez fique grande para você...

– Serve sim! Se não der em mim, serve para outro! Traz ele!

– É que... eu tenho ele aqui na mochila!

Aí foi a vez dela duvidar da realidade. Os seus olhos brilhavam.

– Então me dá!!!

Ela pulava de ansiedade.

Abri a mochila, tremendo de emoção. Puxei o pacotinho, que era só o que tinha dentro dela, e lhe dei. Ela pegou e desembrulhou com muito cuidado, como se um milagre estivesse se materializando na sua mão. Descobrindo o chinelo novinho e embalado com tanto cuidado, ela soltou um grito de alegria. E a gente se deu um abraço daqueles, longo e apertado, com devidas risadas e lágrimas embaçando a vista. Atrapalhando felizes o trânsito na calçada.

– E depois dizem que o Papai Noel não existe, heim?!

– É verdade!

Ela riu mais alto e saiu comendo o resto do sorvete, com o presente debaixo do braço e alguma criança renascendo no fundo do coração.

Como num romance

Charlotte Dafol

Livro composto em American Typewriter e Georgia, com 124 páginas, impresso na gráfica Pallotti de Santa Maria/RS durante a pandemia do coronavírus, em julho de 2020.

Libretos